야무진 초등과학 개념사전

권은아 글 서현 외 그림

웅진주니어

차례

ㄱ
- 가속도 운동 ………… 4
- 가시광선 ………… 4
- 감각 기관 ………… 5
- 거울과 렌즈 ………… 5
- 곤충 ………… 6
- 공전 ………… 7
- 관성 ………… 8
- 광물과 암석 ………… 9
- 광합성 ………… 10
- 구름 ………… 11
- 기단 ………… 12
- 기압 ………… 13

ㄴ
- 날씨 ………… 14
- 뇌 ………… 14
- 뉴턴의 운동 법칙 ………… 15

ㄷ
- 달 ………… 16
- 대기 ………… 16
- 대륙 이동설 ………… 17
- 동물 ………… 18
- 등속 운동 ………… 18

ㅁ
- 마찰력 ………… 19
- 먹이 사슬 ………… 19
- 무게와 질량 ………… 20
- 물리적 변화와 화학적 변화 ………… 21
- 물의 순환 ………… 22
- 물질 ………… 23
- 미생물 ………… 23
- 밀도 ………… 24

ㅂ
- 바다 ………… 25
- 배설 ………… 25
- 별 ………… 26
- 부력 ………… 27
- 부피 ………… 27
- 분자 ………… 28
- 빛 ………… 29
- 빛의 속도(광속) ………… 30

ㅅ
- 산과 염기 ………… 31
- 상태 변화 ………… 32
- 생물 ………… 33
- 생태계 ………… 34
- 세포 ………… 35
- 세포 분열 ………… 35
- 소리 ………… 36
- 소화 ………… 37
- 속도 ………… 38
- 속력 ………… 38
- 수정 ………… 39
- 습도 ………… 39
- 식물 ………… 40

ㅇ
- 에너지 ………… 41
- 연소 ………… 42
- 열의 이동 ………… 43
- 온도 ………… 44

온실 효과 · · · · · · · · · · · · · · · 45
용액 · 46
용해 · 46
용해도 · · · · · · · · · · · · · · · · · · 47
우주 · 48
운동 · 49
원소 · 50
원자 · 51
원자설 · · · · · · · · · · · · · · · · · · 51
유전 · 52
유전자 · · · · · · · · · · · · · · · · · · 52
은하 · 53
일식과 월식 · · · · · · · · · · · · · 54

ㅈ

자기장 · · · · · · · · · · · · · · · · · · 54
자외선과 적외선 · · · · · · · · · 55
자전 · 56
작용과 반작용 · · · · · · · · · · · 56
전류 · 57
전압 · 57
전자기파 · · · · · · · · · · · · · · · · 58
전자석 · · · · · · · · · · · · · · · · · · 59
전지 · 59
정전기 · · · · · · · · · · · · · · · · · · 60
정전기 유도 · · · · · · · · · · · · · 60
중력 · 61
중화 반응 · · · · · · · · · · · · · · · 61
지구 · 62
지구 온난화 · · · · · · · · · · · · · 63
지진 · 64
지진파 · · · · · · · · · · · · · · · · · · 65
지층 · 65
진화 · 66

ㅊ

초음파 · · · · · · · · · · · · · · · · · · 67

ㅌ

탄성력 · · · · · · · · · · · · · · · · · · 67
태양 · 68
태양계 · · · · · · · · · · · · · · · · · · 68
태풍 · 69

ㅍ

파동 · 69
파장 · 70

ㅎ

행성 · 70
혈액의 순환 · · · · · · · · · · · · · 71
호흡 · 71
혼합물 · · · · · · · · · · · · · · · · · · 72
화산 · 72
화석 · 73
화석 연료 · · · · · · · · · · · · · · · 74
환경 · 74

'야무진 과학씨'에 나온 말
찾아보기 · · · · · · · · · · · · · · · · 75

야무지게 알자! 과학 개념어

ㄱ

01 가속도 운동

시간에 따라 물체의 속도가 바뀌는 운동

과학에서는 운동을 속력과 방향이 변하는 운동과 그렇지 않은 운동 크게 두 가지로 구분해. 우리가 일상생활에서 만나는 운동은 대부분 속력과 방향이 변하는 운동이야. 이것을 과학에서는 '가속도 운동'이라고 불러. 물체에 힘을 주었을 때 일어나는 운동이 가속도 운동이지.
자동차가 출발할 때나 엘리베이터가 움직이기 시작할 때, 사과가 중력에 이끌려 떨어질 때 하는 운동 등이 모두 가속도 운동이야. 이것들은 모두 속력이 점점 빨라지는 운동이야. 반대의 경우인 속력이 느려지는 운동도 가속도 운동에 해당돼. 또 지구 주위를 도는 인공위성처럼 속력은 일정한데 방향만 바뀌는 것도 가속도 운동이야.

02 가시광선

사람의 눈으로 볼 수 있는 빛

'가시광선'에는 한자로 할 수 있음을 나타내는 '가(可)'와
볼 '시(視)' 자가 쓰여서 '사람의 눈으로 볼 수 있는 빛'을 뜻해.
그렇다면 사람의 눈으로 볼 수 없는 빛도 있느냐고? 빛은 좁게 말하면 가시광선을 뜻하지만, 넓게 말하면 적외선이나 자외선, X선 등을 포함할 때도 있거든. 이들 중 가시광선을 빼면 모두 사람의 눈으로 볼 수 없어.
가시광선은 여러 가지 색깔이 섞인 빛이야. 태양의 흰빛을 프리즘으로 분해하면 일곱 색깔 무지개 띠로 흩어져 나타나지. 그리고 이 흩어진 빛을 프리즘으로 모으면 다시 흰빛이 돼.

03 감각 기관

몸 바깥의 자극을 받아들여 전달하는 동물의 기관

사람이나 동물이 몸 바깥에서 일어나는 변화를 알아차리는 것을 '감각'이라고 해. 감각에는 눈을 통해 느끼는 시각, 코를 통해 느끼는 후각, 귀를 통해 느끼는 청각과 평형 감각, 혀를 통해 느끼는 미각, 피부를 통해 느끼는 촉각 등이 있어.

감각을 느끼고 그것을 뇌에 전달하는 기관은 '감각 기관'이라고 해. 눈, 코, 귀, 혀, 피부가 바로 감각 기관이야. 이것들은 사람의 5대 감각 기관으로 불리지.

04 거울과 렌즈

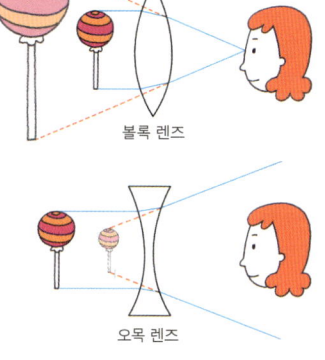

볼록 렌즈

오목 렌즈

거울 : 빛의 반사를 이용해 물체를 비추는 도구
렌즈 : 빛을 모으거나 분산시키기 위해 만든 투명한 물체

거울은 빛이 반사하는 성질을, 렌즈는 빛이 굴절하는 성질을 이용한 도구야. 옛날에는 거울의 재료로 반짝거리는 금속판을 사용했어. 청동 거울이 그 예야.

렌즈는 수정이나 유리처럼 투명한 물질을 볼록하게 또는 오목하게 깎아 만들지. 빛은 공기 중에서 곧게 나아가다가 렌즈를 만나면 꺾이게 돼. 이 현상이 빛의 굴절이야.

렌즈는 생김새에 따라 역할이 달라. 볼록 렌즈는 빛을 모으고, 오목 렌즈는 빛을 분산시켜. 렌즈는 안경, 현미경, 망원경, 사진기 등에 널리 쓰이고 있어.

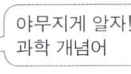

05 곤충

몸이 머리, 가슴, 배로 나뉘고 다리가 세 쌍인 동물

파리, 메뚜기, 나비, 딱정벌레와 같은 동물들을 무리 지어 곤충이라고 부르지? 이들을 무리 지어 같은 이름으로 부르는 것은 같은 특징을 갖고 있기 때문이야. 곤충은 몸이 '머리, 가슴, 배'의 세 부분으로 나뉘고, 다리가 세 쌍(6개)이며, 두 쌍(4장)의 날개를 가졌어. 날개는 일부 퇴화되어 아예 없거나 초파리처럼 한 쌍만 남아 있는 경우도 있긴 해. 그리고 곤충은 머리에 더듬이가 한 쌍(2개) 달려 있고, 겹눈도 한 쌍(2개) 있지.

이들은 자라면서 탈바꿈(변태)을 해. 알에서 태어난 직후에는 애벌레였다가 번데기를 거쳐 어른벌레가 되지. 그와 다르게 번데기를 거치지 않고 애벌레에서 바로 어른벌레가 되는 곤충도 있어. 두 종류의 성장 과정을 구별해 번데기를 거치는 경우를 완전 탈바꿈, 그렇지 않은 경우를 불완전 탈바꿈이라고 해.

06 공전

우주에서 한 천체의 주위를 다른 천체가 주기적으로 도는 것

'공전'은 천체가 도는 운동을 가리키는 말로 '공전 운동'이라고도 해. 예를 들어 지구가 태양의 둘레를 1년에 한 바퀴씩 도는 것이나 달이 지구의 둘레를 28일에 한 바퀴씩 도는 것이 모두 공전이야. 태양계에는 지구 외에도 태양의 둘레를 도는 행성들이 여럿 있어. 수성, 금성, 화성, 목성, 토성, 천왕성, 해왕성이 그것이지.

천체가 다른 천체를 한 바퀴 도는 데 걸리는 시간을 '공전 주기'라고 불러. 따라서 지구의 공전 주기는 1년(정확히는 365.2564일)이고, 달의 공전 주기는 28일(보다 정확히는 27.322일)이셌지!

옛날 사람들은 지구가 태양의 둘레를 돈다고, 즉 공전한다고 생각하지 않았어. 약 2000년 전에 그리스의 천문학자인 아리스타르코스가 지구 공전을 주장했다고는 하지만 그 후로도 오랫동안 사람들은 지구가 태양을 도는 게 아니라 태양이 지구를 돈다고 믿었지. 그러다가 16세기에 독일의 천문학자인 케플러가 행성 운동의 세 가지 법칙을 밝혔어. 그리고 나서야 비로소 지구가 공전한다는 사실을 사람들이 받아들이기 시작했어.

 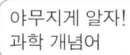

07 관성

운동 상태를 그대로 유지하려는 물체의 성질

물체는 자신의 운동 상태를 그대로 유지하려는 성질을 갖고 있어. 외부에서 힘을 가하지 않는다면 말이야. 이를테면 멈춰 있던 물체는 계속 멈춰 있으려고 하고, 움직이던 물체는 계속 움직이려고 하지. 물체의 이런 성질을 '관성'이라고 해.

관성의 대표적인 예는 버스가 갑자기 달리기 시작할 때와 갑자기 멈출 때 승객의 모습이야. 멈춰 있던 버스가 갑자기 달리기 시작하면 승객의 몸은 버스 뒤쪽으로 기울어. 멈춰 있던 상태를 유지하려다 보니까 그렇게 된 거야. 그리고 신 나게 달리던 버스가 갑자기 멈추면 이번엔 승객의 몸이 앞으로 쏠리지. 이것도 관성의 영향이야.

그렇다면 굴러가던 공이 계속 굴러가지 않고 결국 멈추는 이유는 무엇일까? 운동하던 물체는 계속 운동하려는 성질이 있다고 했는데 말이야. 그건 외부에서 힘이 가해졌기 때문이야. 공이 굴러가던 바닥에 움직임을 방해하는 마찰력이라는 힘이 작용해 관성을 줄여 주었기 때문이지. 만약 마찰력이 작용하지 않는다면 그 공은 계속 굴러가게 될 거야.

08 광물과 암석

광물 : 자연에서 만들어지며, 질이 고른 고체 물질
암석 : 광물로 이루어진 단단한 고체

지구의 맨 바깥쪽에 있는 지각을 이루고 있는 물질이 '암석'이고, 암석을 이루고 있는 물질이 '광물'이야.

암석은 주위에서 흔히 볼 수 있는 바위나 돌 등을 말해. 이것들은 생겨난 과정에 따라 퇴적암, 화성암, 변성암으로 나뉘지. 퇴적암은 강물이나 바람에 깎여 만들어진 자갈, 모래, 흙 등이 강의 하구나 바다 밑에서 오랫동안 쌓이고 눌려서 생겼어. 역암, 사암, 이암 등이 그것이야. 화성암은 화산 활동으로 생겨난 암석이야. 현무암과 화강암이 이에 속해. 변성암은 퇴적암이나 화성암이 땅속 깊은 곳에서 오랫동안 열과 압력을 받아 성질이 변한 거야. 규암, 대리암, 편마암이 그 예야.

암석은 항상 그 상태로 머물러 있지 않아. 화성암이 강물과 바람에 깎이고 옮겨져 퇴적암이 되고, 퇴적암은 지구 내부의 열과 압력을 받아 변성암이 되고, 변성암은 화산 활동을 거쳐 다시 화성암이 되지. 이렇게 오랜 세월을 거쳐 암석이 돌고 도는 것을 '암석의 순환'이라고 해.

광물은 이러한 암석을 이루는 작은 알갱이야. 대부분 규칙적으로 배열돼 있고 광물마다 일정한 성질과 나름의 결정 모양을 지니고 있지. 육각기둥 모양에 흰색을 띠는 석영, 육각의 판 모양에 검은색을 띠는 운모 등 모양과 색깔도 다양해.

아무지게 알자!
과학 개념어

09 광합성

식물이 햇빛, 물, 이산화탄소를 이용해 탄수화물을 만드는 과정

지구에 있는 생물들은 영양분을 섭취해야 살아갈 수 있어. 그중 대표적인 영양분이 탄수화물이야. 사람을 비롯한 수많은 생물들이 매일 먹어 치우는 이 막대한 탄수화물은 어디서 오는 걸까? 바로 녹색 식물의 광합성을 통해서야.

광합성은 녹색 식물의 엽록체라는 기관에서 일어나지. 엽록체에는 엽록소라는 녹색의 색소가 들어 있어. 녹색 식물이 녹색을 띠는 이유는 바로 이 엽록소 때문이야.

엽록체에서는 식물이 뿌리로 빨아들인 물과 공기 중에서 흡수한 이산화탄소, 그리고 태양으로부터 온 빛을 이용해 탄수화물(녹말)을 만들어. 그러면서 산소도 같이 내놓지. 이러한 과정을 '광합성'이라고 해. 식물의 광합성은 우리의 먹을 것도 만들어 주고, 이산화탄소를 산소로 바꾸어 환경도 쾌적하게 해 주는 매우 중요한 과정이야.

그런데 광합성은 녹색 식물만 할 수 있는 것은 아니야. '남세균'이라고 불리는 엽록소를 가진 미생물도 있거든. 지금으로부터 35억 년 전에도 단세포 생물인 남세균이 있었는데, 광합성을 하는 이것들이 번성하자 지구에 산소가 풍부해지기 시작했어. 덕분에 더 많은 생물들이 지구에 생겨날 수 있었지.

지금처럼 지구에 다양한 생물이 살게 된 것도 광합성 덕분이야.

10 구름

공기 중의 수분이 작은 물방울이나 얼음 결정으로 하늘에 떠 있는 것

'구름'은 공기 중에 있던 수증기가 작은 물방울이나 작은 얼음 알갱이가 되어 모여서 하늘에 떠 있는 거야. 좀 더 낮은 지표면 부근에 떠 있는 것은 '안개'라고 불러.

구름은 대개 흰색을 띠지. 그 이유는 구름 속에 들어 있는 작은 물방울이 빛을 여러 방향으로 흩뜨리기 때문이야. 그러면 여러 가지 색이 합쳐져서 흰색으로 보이거든. 그에 비해 먹구름은 물방울의 크기가 큰 편이어서 빛을 흩뜨리지 않고 흡수해. 그래서 거무스름하게 보여.

구름은 생긴 모양에 따라 새털구름, 비늘구름, 뭉게구름, 비구름 등으로 나뉘어. 이러한 구름의 모양을 보고 앞으로의 날씨를 예측할 수도 있어. 새털구름은 날씨가 맑았다 흐려지기 시작할 때 나타나고, 비늘구름은 비가 오기 전에 나타나. 뭉게구름은 맑은 날씨에 잘 나타나고, 비구름이 보이면 곧 비가 오기 시작하지.

또한 구름은 구름이 생기는 높이에 따라서 상층운, 중층운, 하층운으로도 분류해. 상층운은 지표에서 5~13킬로미터 높이에서 나타나고 중층운은 2~7킬로미터, 하층운은 0~2킬로미터 높이에서 나타나. 새털구름은 상층운에 속하고 비구름은 중층운, 뭉게구름은 하층운에 속해.

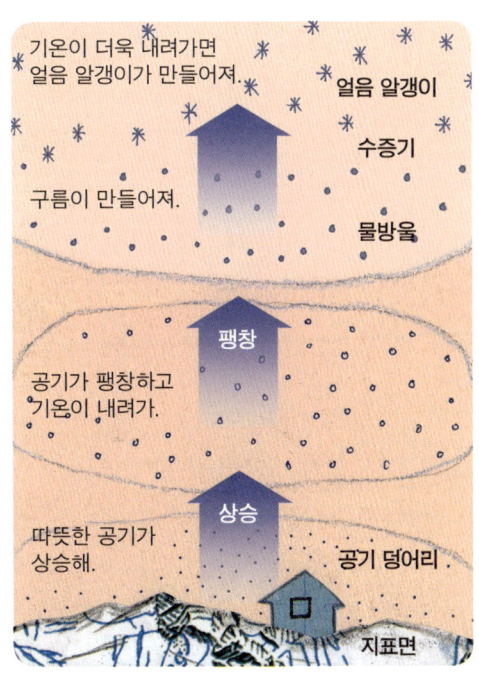

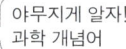

11 기단

성질이 일정한 거대한 공기 덩어리

지표면 위에 떠 있는 공기는 다 비슷할 것 같지만, 어디에 있느냐에 따라 성질이 서로 달라. 시베리아처럼 차가운 대륙 위에 있는 공기라면 차가운 성질을 띠고, 적도에 가까운 따뜻한 바다 위에 있는 공기라면 따뜻하고 습한 성질을 띠지. 이렇게 어떤 성질을 가진 공기가 넓은 지역에 걸쳐져 거대한 덩어리를 이룬 것을 '기단'이라고 해.

이 공기 덩어리들은 한 지역에만 머물러 있지 않고 주위로 이동하기도 해. 그러면서 주위의 날씨에 영향을 주고 자신이 원래 갖고 있던 성질도 변하게 되지. 우리나라에 영향을 미치는 거대한 공기 덩어리들에는 시베리아 기단, 오호츠크 해 기단, 북태평양 기단, 양쯔 강 기단이 있어. 차갑고 건조한 시베리아 기단은 겨울에, 뜨겁고 습한 북태평양 기단은 여름에 영향을 미쳐. 그래서 우리나라의 겨울은 춥고 여름은 더운 거야.

기단은 이동하다가 성질이 다른 기단과 만나 부딪히기도 해. 성격이 서로 다른 친구들이 만나 처음엔 조금 경계하잖아. 그런 것처럼 성질이 다른 기단끼리 부딪히면 바로 섞이지 않고 경계면이 생겨. 이 경계면을 '전선'이라고 해. 한랭 전선, 온난 전선 등이 그것이야.

12 기압

공기의 압력

공기는 아주 작은 기체 입자들이 모인 것으로, 무게도 있고 힘도 있어. 우리가 공기의 양이 일정한 곳에서 대부분 생활하기 때문에 못 느낄 뿐이지. 공기의 양이 적은 고산 지대에 가면 공기의 힘 차이를 느낄 수 있어. 예를 들어 높은 산에 올라가서 밥을 지으면 밥이 설익는데, 그 이유는 공기가 누르는 힘이 작아져서야.

공기가 누르는 힘, 즉 공기의 압력을 '기압'이라고 해. 여기서의 공기는 주로 지표면을 둘러싼 공기인 '대기'를 말해. 그래서 기압을 '대기압'이라고도 부르지. 1기압은 0도일 때 북위 45도의 해수면에서 수은 기둥을 높이 760밀리미터까지 올리는 데 작용하는 대기의 압력을 기준으로 정했어. 단위는 atm을 사용해.

기압은 땅에서 하늘을 향해 높이 올라갈수록 낮아져. 위로 올라갈수록 공기의 양이 적어지기 때문이야. 또한 주위 온도에 따라서도 달라져. 공기가 땅의 열을 받아 데워지면 가벼워져서 위로 올라가 기압이 낮아지고, 반대로 공기가 차가워지면 기압이 높아지지.

주위보다 기압이 높은 곳은 '고기압', 기압이 낮은 곳은 '저기압'이라고 불러. 기압 차가 나면 공기는 기압이 높은 곳에서 낮은 곳으로 움직여. 이때 생기는 공기의 흐름이 바로 '바람'이야.

페트병 안팎의 기압이 같아.

페트병 밖의 기압이 높아서 안쪽으로 찌부러져.

13 날씨

그날그날의
종합적인 기상 상태

날씨는 덥거나 추운 정도(기온), 습한 정도(습도), 그날 비나 눈이 얼마나 오는지(강수량), 바람은 어떤 방향으로 (풍향) 얼마나 세게 부는지(풍속), 구름의 양은 얼마나 되는지 등의 기상 현상을 모두 포함해 이르는 말이야. 다른 말로 '일기'라고도 하지.
기상 현상이 일어나는 곳은 지구의 대기권 중에서도 지표에 가장 가까운 '대류권'이야. 이곳에서는 공기의 양이 많고 움직임도 활발해 변화무쌍한 날씨를 만들어 내.
날씨가 짧은 시간 동안 나타나는 기상 상태를 종합한 것이라면, 30년 이상 동안 일정한 지역의 기상 상태를 종합한 것은 '기후'라고 해.

14 뇌

동물 신경계의 중추가 있는 곳

동물은 감각 기관을 통해 자극을 받아들여. 이 자극이 재빠르게 전달되는 곳이 바로 뇌야. 뇌는 정보를 받아 즉각 판단을 하고 명령을 내려. 말 그대로 몸의 중추 사령관 역할을 하지.
사람의 뇌는 대부분 대뇌가 차지해. 대뇌는 표면에 쭈글쭈글한 주름이 있고 좌반구와 우반구로 나뉘어 있어. 기억과 판단, 명령을 내리는 사령관 역할을 주로 이 대뇌에서 담당해.

15 뉴턴의 운동 법칙

뉴턴이 밝힌 운동에 관한 기본 법칙

영국의 과학자 뉴턴은 1687년 그의 책 『프린키피아』에서 물체의 운동에 관한 세 가지 기본 법칙을 밝혔어.

뉴턴의 운동 제1법칙은 '관성의 법칙'으로, 외부에서 힘이 작용하지 않으면 멈춰 있는 물체는 계속 멈춰 있고 움직이는 물체는 계속 움직인다는 거야.

뉴턴의 운동 제2법칙은 '가속도의 법칙'으로, 물체에 힘을 주면 속도가 변하는 운동인 가속도 운동을 한다는 거야. 이때 물체에 힘을 많이 줄수록, 그리고 운동하는 물체의 질량이 클수록 속도의 변화가 커져.

뉴턴의 운동 제3법칙은 '작용·반작용의 법칙'으로, 한 물체가 상대 물체에 힘을 주면 그 물체도 상대 물체에게서 크기는 똑같으면서 방향이 반대인 힘을 돌려받는다는 거야. 이때 한쪽 힘을 '작용', 반대쪽 힘을 '반작용'이라고 하지.

제1법칙 : 관성의 법칙

제2법칙 : 가속도의 법칙

제3법칙 : 작용·반작용의 법칙

16 달

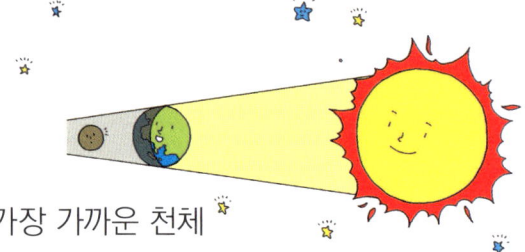

지구 둘레를 도는 위성으로, 지구에서 가장 가까운 천체

달은 지구로부터 약 38만 4400킬로미터 떨어져 있는, 지구에서 가장 가까이에 있는 천체야. 태양은 달보다 400배나 멀리 있어. 달은 지구 둘레를 끊임없이 돌고 있는데, 지구 둘레를 한 바퀴 도는 데 28일 정도가 걸려. 이 시간을 한 달로 정해서 만든 달력이 바로 음력이지.

달의 모양은 한 달을 주기로 조금씩 바뀌어. 둥근 보름달에서 하현달, 그믐달, 초승달, 상현달이 되었다가 다시 보름달이 되지. 달의 모양이 바뀌는 이유는 달이 지구 둘레를 공전하면서 햇빛을 받는 부분의 모양이 달라지기 때문이야. 사실 달빛은 달이 스스로 만들어 내는 게 아니야. 햇빛을 받는 부분의 빛이 반사되어 밝게 보일 뿐이지.

17 대기

지구를 둘러싸고 있는 기체

지구는 두꺼운 공기층으로 둘러싸여 있어. 이 공기층 속 공기의 양은 지구 표면에 가까워질수록 많아. 지구의 중력이 공기를 붙잡기 때문이야. 이렇게 지구를 둘러싼 공기를 '대기'라고 해. 대기에는 여러 가지 기체가 섞여 있어. 질소 기체가 약 78퍼센트로 가장 많고, 그다음으로 산소 약 21퍼센트, 아르곤 0.93퍼센트, 이산화탄소 0.035퍼센트 순으로 많아.

대기가 지구 둘레를 둘러싸고 있는 부분을 '대기권'이라고 해. 대기권은 대기의 온도에 따라 대류권, 성층권, 중간권, 열권으로 나뉘어. 이 중 기상 현상이 나타나는 곳은 대기가 풍부한 대류권이고, 오존층이 있는 곳은 성층권이야.

18 대륙 이동설

한 덩어리였던 대륙이 갈라져 이동해 현재의 대륙이 되었다는 학설

대륙 이동설은 1915년 독일의 과학자 알프레트 베게너가 내놓았어. 지구의 대륙이 예전에는 한 덩어리였다가 오랜 세월에 걸쳐 갈라지고 이동해 지금의 여러 개인 대륙이 되었다는 학설이지. 이때 한 덩어리였던 처음의 커다란 대륙을 '판게아'라고 불러.

베게너는 세계 지도를 보다가 아프리카

현재 지구 표면은 15개 이상의 판들로 나뉘어 있어.

대륙 서쪽 지역과 남아메리카 대륙 동쪽 지역의 해안선 모양이 비슷한 것을 보고 대륙이 갈라져 이동한 게 아닐까 하고 생각하게 됐어.

그는 이 생각을 뒷받침할 증거들을 모았어. 해안선 모양이 비슷한 것 외에도 멀리 떨어진 곳에서 같은 종류의 생물 화석이 발견된 점, 멀리 떨어진 곳의 지층 분포가 비슷한 점, 극지방에서 먼 적도 부근 지역에서도 빙하의 흔적이 나타나는 점 등이 발견됐지.

이 증거들은 처음에 대륙이 붙어 있었다고 가정했을 때 잘 들어맞았어. 하지만 무엇이 대륙을 이동하게 했는지 설명하지 못해 정식으로 받아들여지지 않았지. 베게너는 대륙 이동의 증거를 더 찾기 위해 그린란드 탐험까지 나섰지만 도중에 조난을 당해 죽고 말았어.

그 후 세월이 흘러 암석에 남아 있는 옛날 지구 자기장을 분석할 수 있게 되었고, 깊은 바다 밑까지 탐사해 해양 지각에 대한 지식도 풍부해졌어. 땅속의 구조를 밝힘으로써 대륙을 이동시키는 힘을 설명할 수 있게 된 거야. 대륙 이동설은 지구의 역사를 설명하는 이론으로 인정받았어.

아무지게 알자! 과학 개념어

19 동물

다른 생물로부터 영양분을 얻어 살아가며 몸에 여러 기관이 있는 생물

동물은 한자로 '움직일 동(動)' 자를 써. 여기서 보듯이 동물은 움직일 수 있는 생물이야. 먹이를 찾아 날거나 기고 달리거나 걸을 수 있지. 동물은 엽록소가 없어서 스스로 양분을 만들지 못해. 그래서 식물 등 다른 생물을 먹어야 살 수 있어.

또한 동물은 세포가 여러 개로 이루어진 다세포 생물이야. 좀 더 발달한 동물은 몸속에 호흡이나 소화, 배설 등을 위한 여러 기관을 갖고 있지.

지구에 살고 있는 동물은 약 100만 종이 넘어. 그중 가장 많은 종류는 곤충이야. 곤충은 동물의 약 80퍼센트나 차지하고 있어.

20 등속 운동

물체의 속도가 일정한 운동

얼음판 위에서 썰매를 탄 채 미끄러져 가고 있는데, 얼음판에 마찰력이 없다고 상상해 봐. 그러면 썰매는 계속 같은 방향, 같은 빠르기로 달려가게 될 거야. 이런 운동을 속도가 변하지 않고 계속 같다고 해서 '등속 운동'이라고 불러.

등속 운동은 물체에 힘을 가하지 않았을 때 일어나는 운동이야. 물체에 힘을 가하지 않는 한 멈춰 있는 물체는 멈춰 있고 움직이는 물체는 계속 움직인다는 관성의 법칙을 따르는 운동이지.

21 마찰력

물체의 운동을 방해하는 힘

우리가 발로 땅을 딛고 걸을 수 있는 것은 마찰력 때문이야. 마찰력이 없다면 땅은 얼음보다도 더 미끄럽게 느껴져서 걸음을 제대로 걸을 수 없을 거야. 걸음을 걸을 때의 땅 바닥과 발바닥처럼 두 물체가 표면을 서로 맞댄 채 운동을 할 때 그 운동을 방해하는 힘을 '마찰력'이라고 불러.
마찰력은 표면이 울퉁불퉁해서 생기는 거야. 그러니 표면이 매끄러울수록 마찰력은 작아지지. 또한 마찰력은 물체가 무거울수록 커져.

22 먹이 사슬

생물 사이의 먹고 먹히는 관계를 순서대로 나타낸 것

생물은 양분을 섭취해야 살 수 있어. 하지만 광합성을 하는 식물과 몇몇 미생물을 제외하면 스스로 양분을 만들어 내지 못하지. 그래서 생물 사이에는 먹고 먹히는 관계가 생겨났어. 그 관계를 '먹이 사슬'이라고 해.
자연의 먹이 사슬을 따라가 보면 생산자, 소비자, 분해자를 만날 수 있어. '생산자'는 태양 에너지를 이용해 영양분을 생산하는 녹색 식물이야. '소비자'는 생산자와 또 다른 소비자를 먹는 생물이지. 식물을 먹는 초식 동물은 1차 소비자, 1차 소비자를 잡아먹는 동물은 2차 소비자, 2차 소비자를 잡아먹는 동물은 3차 소비자야.
그리고 다른 생물의 죽은 몸을 분해해 양분을 얻는 생물이 있는데, 이들은 '분해자'라고 해. 세균과 같은 미생물들이 바로 분해자야.

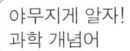

23 무게와 질량

무게 : 지구가 물체를 잡아당기는 힘
질량 : 물체가 지닌 고유한 양

내가 저울에 올라가 잰 몸무게의 눈금이 가리키는 것은 지구가 나를 잡아당기는 힘이 그 눈금만큼이라는 거야. '무게'는 지구가 물체를 잡아당기는 힘의 크기를 가리키거든.

그에 비해 '질량'은 물체가 가진 고유한 양이야. 지구에서건 달에서건 다른 천체에서건 그것이 잡아당기는 힘과 관계없이 일정한 양을 뜻해. 그래서 질량은 무게와 비슷하게 쓰이지만 엄밀히 말하자면 달라.

무게는 지구가 어떤 물체를 잡아당기는 힘의 크기를 가리키기 때문에 달에 가면 값이 달라져. 지구가 잡아당기는 힘인 지구의 중력과 달이 잡아당기는 힘인 달의 중력이 다르기 때문이야. 달의 중력은 지구 중력의 약 6분의 1이야. 그래서 달에 가서 몸무게를 재면 몸무게가 6분의 1로 줄어든 것처럼 보여. 그렇지만 질량은 지구에서나 달에서나 그대로야.

무게와 질량 둘 중 무엇을 재느냐에 따라 저울도 달라져. 무게는 중력의 영향을 받는 용수철저울로 재지만, 질량은 분동과 비교할 수 있는 양팔저울 등으로 재지.

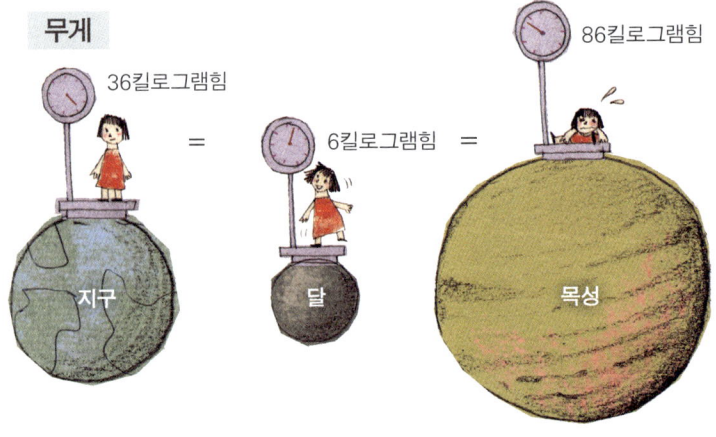

24 물리적 변화와 화학적 변화

물리적 변화 : 물질의 성분은 변하지 않고 상태만 변하는 것
화학적 변화 : 물질의 성질이 변해 새로운 물질로 바뀌는 것

물질의 변화는 물리적 변화(물리 변화)와 화학적 변화(화학 변화)로 나눌 수 있어. '물리적 변화'는 화학적인 성분은 변하지 않고 물리적인 상태만 변하는 거야. 물질의 겉모습은 변하지만 성질은 그대로인 것을 말하지. 그에 비해 '화학적 변화'는 화학적인 성질 자체가 바뀌어 이전에 가지고 있던 성질을 잃어버리는 것을 말해. 물질의 원자나 분자 구성이 달라져 처음의 물질과 아예 다른 새로운 물질이 되는 거지.

예를 들어 물이 얼음으로, 또는 수증기로 바뀌는 것은 물리적 변화야. 물의 상태가 바뀐 것이지 물이라는 성질 자체가 바뀐 것은 아니기 때문이야. 하지만 물을 전기 분해해서 수소와 산소를 얻는다면 이것은 화학적 변화야. 물 분자가 수소 분자와 산소 분자로 쪼개져서 아예 새로운 물질이 되었기 때문이야.

화학적 변화는 물의 전기 분해처럼 한 물질 안에서도 일어나지만, 한 물질이 다른 물질과 결합할 때도 일어나. 예를 들어 광합성 과정에서 이산화탄소와 물이 만나 햇빛 에너지를 이용해 녹말과 산소를 만드는 것도 화학적 변화야.

> 물이 얼음과 수증기로 바뀌는 것은 물리적 변화야. 하지만 물을 전기 분해해서 수소와 산소를 얻는다면 이것은 화학적 변화야.

아무지게 알자!
과학 개념어

25 물의 순환

지구의 물이 지표, 바다, 대기 등을 이동하며 돌고 도는 것

자연의 물은 강을 따라 바다로 흘러들어가지. 하지만 이것은 지표에서의 일일 뿐이야. 물은 모습을 바꾸면서 하늘과 바다와 땅을 누비며 지구 곳곳을 여행하고 있거든.

지표의 물은 강을 따라 강물로, 또는 땅속을 흐르며 지하수로 흐르고 있어. 사실 이 양은 지구 전체의 물로 따지면 아주 적어. 지구에 있는 물의 대부분은 바닷물이고, 그나음이 빙하와 얼음이거든.

대부분의 물은 바다에 있는데, 바다 표면이나 지표면에서는 물의 증발이 일어나. 그러면 대기에도 물이 수증기 상태로 있게 되지. 대기 중의 수증기는 모여서 구름이나 안개를 이루기도 해. 이것들은 바람에 밀려 떠다니다가 비나 눈이 되어 다시 지표로 또는 바다로 내려와. 한편 지표 가까운 곳에 있는 수증기는 새벽에 이슬이 되기도 해.

이런 식으로 지구의 물은 돌고 돌면서 물이 지구 곳곳에 있게 하고, 지구 전체에 태양열을 고루 퍼뜨리는 역할을 해. 이러한 물의 여행을 '물의 순환'이라고 해.

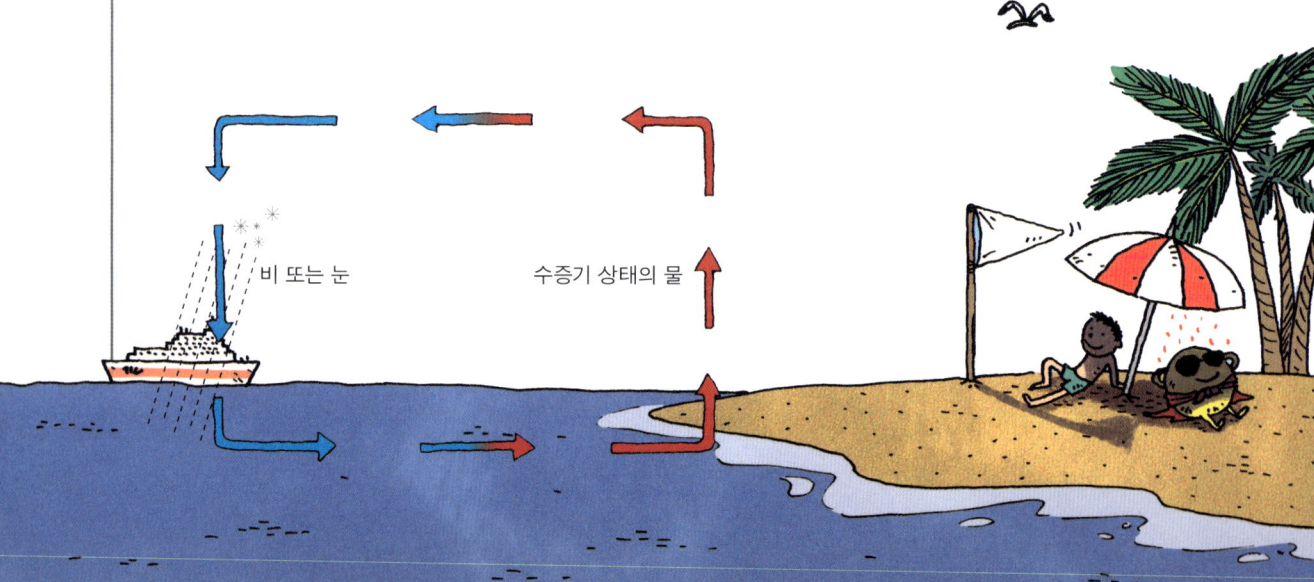

26 물질

물체를 이루는 재료

책상, 의자, 지우개, 연필 등이 물체라면, 그것을 이루고 있는 재료는 '물질'이라고 불러. 예를 들어 책상을 이루고 있는 재료는 나무와 금속이고, 지우개의 재료는 고무야. 여기서 나무, 금속, 고무가 바로 물질이지. 한 종류의 물질로는 여러 가지 물체를 만들 수 있어. 그리고 여러 종류의 물질로 한 가지 물체를 만들 수도 있지.

물질 중에서 다른 것과 섞이지 않고 한 종류로만 이루어진 물질을 '순물질'이라고 하고, 여러 종류가 섞인 물질은 '혼합물'이라고 해. 예를 들어 물, 소금, 구리 등은 순물질이고, 철가루, 석유 등은 혼합물이야.

27 미생물

눈에 보이지 않는 아주 작은 생물

미생물은 사람의 눈에는 보이지 않을 정도로 매우 작아서 현미경의 도움을 빌려야 관찰할 수 있는 생물이야. 세균, 바이러스, 효모, 한 개의 세포로 이루어진 원생생물 등을 미생물이라 불러. 미생물은 동물도 식물도 아닌 것들이 대부분이야.

미생물에는 세균이 많아서 해로운 생물이라고 여기기 쉬워. 하지만 사람 몸에 이로운 미생물들도 많아. 사람의 장 속에 사는 장내 세균이나 김치를 발효시키는 젖산균 등이 그렇지.

아무지게 알자!
과학 개념어

28 밀도

ㅁㅂ

물질의 질량을 부피로 나눈 값

밀도는 빽빽한 정도를 말하는데, 과학에서의 밀도는 어떤 물질이 단위 부피만큼 있을 때의 질량을 말해. 그래서 밀도 값은 물질의 질량을 부피로 나누어 구하지. 단위는 g/ml, g/cm^3를 써.

예를 들어 가로, 세로, 높이가 모두 1센티미터인 정육면체 모양의 철로 만든 금속 주사위와 똑같은 모양의 나무토막이 있다고 해 봐. 이 두 물질의 부피는 같지만 금속 주사위의 무게가 훨씬 무거워. 이 경우 금속 주사위의 밀도가 나무토막의 밀도보다 더 크지.

밀도는 물질의 고유한 성질이야. 물질마다 일정한 값을 갖지. 하지만 고체, 액체, 기체 중 어떤 상태이냐에 따라 같은 물질이라도 밀도가 달라져. 보통은 고체일 때 분자들이 더 빽빽하게 모여 있으니까 밀도가 높고, 그 다음이 액체야. 기체일 때는 분자가 서로 멀리 떨어져 있어서 부피는 커지고 질량은 작아져. 그래서 기체일 때의 밀도가 가장 낮아.

29 바다

지구 표면의 71퍼센트를 차지하는 대규모의 짠물

바다는 지구 표면에서 육지를 뺀 나머지 부분이야. 지구 표면의 약 71퍼센트를 차지하며, 염분이 섞인 거대한 양의 물로 이루어져 있지.
바닷물의 전체 양은 약 10억 세제곱킬로미터로 지구 전체 물의 약 97퍼센트나 돼. 바다에는 물이 아주 많지만, 바닷물은 염분이 많아서 사람이 마시기에는 적당하지 않아.
세계에는 매우 넓은 지역을 차지하는 바다가 몇 개 있는데, 이들 중 태평양, 대서양, 인도양을 가리켜 3대양이라고 해. 그중에서도 가장 넓은 바다가 태평양이야.

30 배설

몸에서 생긴 노폐물을 몸 밖으로 내보내는 일

배설은 땀이나 오줌 등을 통해 몸속 노폐물을 몸 밖으로 내보내는 것을 말해. 동물은 음식을 통해 영양소를 섭취하여 흡수하고, 그것을 분해해 몸을 이루는 물질로 쓰거나 에너지를 내는 데 쓰거든. 이 과정에서 쓸모없는 물질들이 생기는데 이것을 노폐물이라고 해.
배설을 제대로 하지 않으면 몸속 수분이나 체온이 조절되지 않아 건강을 해칠 수 있어. 우리 몸에서 배설을 담당하는 기관은 땀샘과 콩팥이야. 땀샘에서는 땀으로, 콩팥에서는 오줌으로 노폐물을 내보내지.

아무지게 알자!
과학 개념어

31 별

스스로 빛을 내는 천체

별은 태양이 자신이 가진 수소를 태워 빛을 내듯이, 스스로에게서 나온 에너지로 빛을 내는 천체를 말해. 그래서 태양의 빛을 반사해서 빛나는 행성이나 위성, 혜성 등은 엄밀히 말해서 별이 아니야. 달도 지구에서 보면 밝지만 달 스스로 내는 빛이 아니라 태양 빛을 반사하는 것일 뿐이야. 엄밀한 의미의 별은 태양과 같은 항성만을 가리키지.

우주에는 별이 무척 많아. 우리 은하에만 약 1000억 개가 있어. 별들의 밝기는 '등급'으로 나타내는데, 고대 그리스 시대에는 별의 밝기를 6단계로 나누었어. 눈으로 보았을 때 가장 밝은 별을 1등성, 가장 어두운 별을 6등성이라고 했지.

이와 같이 오늘날에 쓰이는 등급도 값이 작을수록 별의 밝기가 더 밝은 것을 나타내. 그리고 한 등급 차이가 나면 약 2.5배 밝기 차이가 나지. 예를 들어 등급이 5인 별은 등급이 6인 별보다 약 2.5배 밝고, 등급이 1인 별은 등급이 6인 별보다 약 100배가 밝아.

32 부력

기체나 액체가 물체를 떠받치는 힘

부력은 '뜰 부(浮)' 자를 써서 위로 뜨려는 힘을 말해. 이 힘은 물체가 기체나 액체 속에 들어 있을 때, 기체나 액체가 그 물체를 위로 밀어 올려서 나오는 거야. 그러니까 부력은 중력과 반대 방향의 힘이지. 그래서 물체의 무게가 부력보다 크면 물체가 가라앉고, 물체의 무게가 부력보다 작으면 물체는 뜨게 돼.

부력의 크기는 물체가 잠긴 부피만큼의 기체나 액체의 무게와 같아. 예를 들어 목욕탕 물에 몸을 담갔을 때 내 몸이 담긴 부피만큼의 물 무게가 내 몸을 밀어낸 부력의 크기이지. 이것이 바로 아르키메데스가 발견한 '부력의 원리'야.

33 부피

넓이와 높이를 가진 물건이 공간에서 차지하는 크기

세상의 모든 물질은 제각각 일정한 공간을 차지하고 있어. 그중에서 한 물질이 차지하고 있는 공간의 크기를 그 물질의 부피라고 해.

그럼 부피는 어떻게 잴까? 직육면체라면 가로, 세로, 높이의 곱으로 부피를 구할 수 있어. 만약 밑면과 높이를 구분하기 어렵고 모양이 복잡한 물질이라면, 물이 들어 있는 눈금 실린더에 넣어 보면 돼. 넣기 전과 비교해 늘어난 물의 높이가 바로 그 물질의 부피야.

부피의 단위로는 리터(L), 밀리리터(ml), 세제곱센티미터(cm^3)를 써.

34 분자

물질의 성질을 지닌 가장 작은 알갱이

분자는 원자들이 모인 작은 알갱이야. 물질을 쪼갤 때 물질의 화학적 성질을 잃지 않고 쪼갤 수 있는 가장 작은 알갱이를 말하지.

예를 들어 우리가 숨을 쉬는 데 필요한 산소의 분자 구성은 산소 원자 2개가 모인 거야. 산소 원자가 하나 더해져서 3개가 모이면, 푸른색을 띠는 기체인 '오존'이 돼. 지구를 보호하는 오존층을 이루는 물질이지.

서로 다른 원사가 모여 분자를 이루기도 해. 수소 원자 2개가 모여 있는데 산소 원자 1개가 합해지면 물 분자가 돼. 원자 알갱이들이 결합해 물 분자 알갱이로 있을 때는 물의 성질을 띠어. 하지만 각각의 원자 알갱이로 떨어지면 물의 성질을 잃게 되지.

원자는 종류가 몇 가지로 정해져 있어. 하지만 분자는 원자들이 모인 것이기 때문에 원자들의 조합에 따라 매우 다양해질 수 있어.

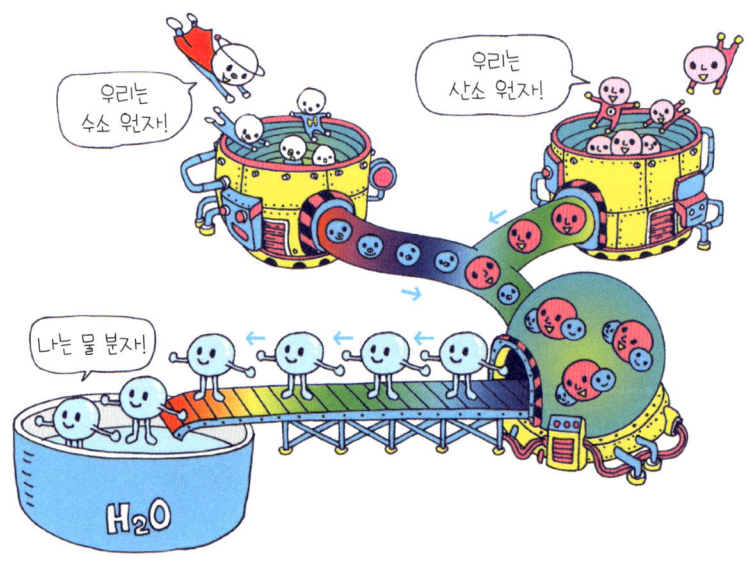

35 빛

사람의 눈을 자극하여 사물을 볼 수 있게 하는 전자기파

빛은 사람의 시신경을 자극해 사물을 볼 수 있게 하는 것으로, 좁게 말하면 가시광선을 뜻해. 넓은 의미로는 가시광선 외에도 적외선, 자외선, X선, 감마선 등의 전자기파를 포함해 말하지. 그리고 빛을 내는 물체를 '광원'이라고 해. 손전등, 형광등, 태양과 같은 별도 광원이야.

빛은 직진하는 성질이 있어. 이 성질 때문에 생기는 게 그림자야. 그림자는 빛이 똑바로 나아가다가 장애물을 만나 통과하지 못해 생긴 어두운 부분이지.

빛은 반사하는 성질도 있어. 빛이 나아가다가 다른 물질을 만나면 그 경계면에서 빛이 방향을 바꿔 되돌아오는 경우가 있는데 이것이 반사야. 거울이 바로 이런 성질을 이용한 것이지.

또한 빛은 굴절하는 성질이 있어. 이것도 반사와 마찬가지로 빛이 더 이상 앞으로 나아가지 못하고 빛의 방향이 바뀌는 현상이야. 반사가 되돌아가는 것이라면 굴절은 꺾이는 것이지. 안경의 렌즈나 프리즘은 빛이 굴절하는 성질을 이용한 거야.

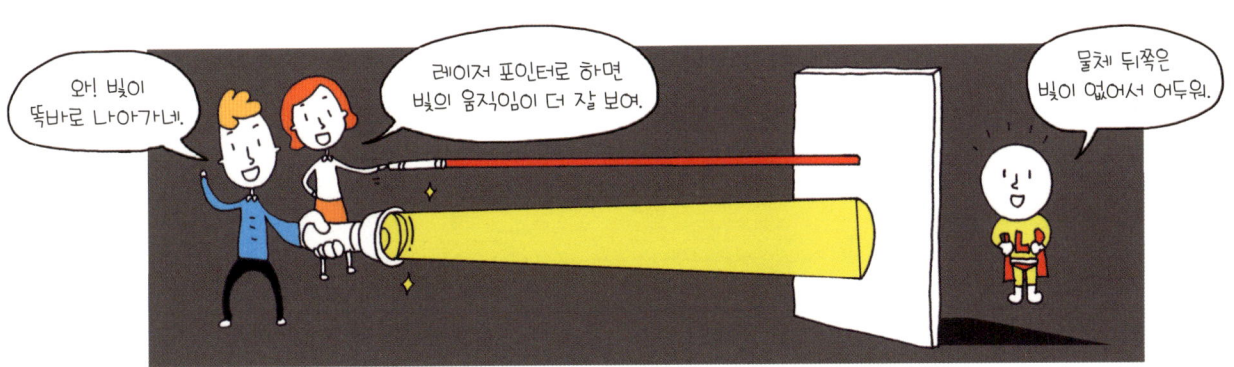

36 빛의 속도(광속)

1초에 약 30만 킬로미터를 가는 빛의 빠르기

빛은 진공 상태에서 1초에 약 30만 킬로미터를 이동할 수 있어. 소리는 공기 중을 이동할 때 1초에 약 340미터를 가는데 이것보다 훨씬 빠르지. 빛은 여태까지 알려진 바에 따르면 우주에서 가장 빠른 입자야.

빛의 속도를 처음으로 재려고 시도했던 사람은 갈릴레이야. 갈릴레이는 빛을 내는 광원인 전등과 전등을 넣고 열었다 닫았다 할 수 있는 가리개를 들고 실험에 나섰어. 최대한 먼 거리에서 빛이 깜빡이는 것을 관찰해 빠르기를 재려고 했지만 빛이 너무 빨라 성공하지 못했지.

그 후 1675년에 덴마크의 뢰메르가 처음으로 빛의 속도를 계산해 냈어. 목성의 위성을 관찰해 얻은 결과였지. 그가 추산한 빛의 빠르기는 21만 2천 킬로미터였어. 1729년에는 영국의 브래들리가 별빛의 위치를 이용해 빛의 속도를 측정했어. 그가 얻은 값은 지금의 값과 가장 가까운 30만 킬로미터야.

한편 1849년 프랑스의 피조는 톱니바퀴와 거울로 빛의 속도를 쟀는데, 그 값은 약 31만 5천 킬로미터였지. 빠르게 돌아가는 톱니바퀴 사이로 빛을 보내 그 빛이 뒤쪽 거울에서 반사되어 다른 톱니를 거쳐 되돌아오는 시간을 측정한 거야. 오늘날 빛의 속도 측정에 사용되는 방법도 피조의 방법을 발전시킨 거야.

37 산과 염기

산 : 물에 녹아 수소 이온을 내놓는 물질
염기 : 물에 녹아 수산화 이온을 내놓는 물질

산은 물에 녹아 산성을 나타내고 염기는 물에 녹아 염기성을 나타내는 물질이야. 산이 물에 녹으면 신맛을 내고 푸른색 리트머스 종이를 붉은색으로 변화시켜. 그리고 염기가 물에 녹으면 미끈미끈하고 쓴맛을 내며 붉은색 리트머스를 푸른색으로 변화시키지.

이렇게 산이 산성을, 염기가 염기성을 나타내는 것은 산성 물질과 염기성 물질에 각각 공통된 특성이 있기 때문이야. 산성 물질은 물에 녹아 수소 이온(H^+)을 내놓고, 염기성 물질은 물에 녹아 수산화 이온(OH^-)을 내놓는 특성이 있지.

그래서 과학에서는 산성이 얼마나 진하고 연한가를 나타낼 때 물질이 물에 녹았을 경우 수소 이온이 얼마나 나오는지를 측정해서 말해. 이것이 수소이온지수(pH)야. 수소이온지수는 0~14까지의 값을 갖는데, 숫자가 작을수록 산성이 센 거야. 7은 중성이고 7보다 작으면 산성, 크면 염기성이야.

산과 염기는 서로 섞이면 산성이나 염기성을 잃고 물과 염을 만들어. 이 과정을 '중화 반응'이라고 해.

38 상태 변화

물질이 온도나 압력에 따라 고체, 액체, 기체로 변하는 것

물질은 항상 그대로 있는 것이 아니라 온도나 압력에 따라 모습을 바꿔. 예를 들어 물은 영하에서는 얼음으로, 상온에서는 물로, 끓이면 수증기로 변하지. 이때 얼음은 고체, 물은 액체, 수증기는 기체야.

이렇게 물이 모습을 바꾸는 것처럼 물질이 외부의 영향을 받아 고체, 액체, 기체로 모습을 바꾸는 것을 '상태 변화'라고 해. 상태 변화는 물질의 겉모습이 바뀌는 것이지 물질의 성질 자체가 바뀌는 것은 아니야. 따라서 화학적 변화가 아니라 물리적 변화야.

고체 상태   액체 상태   기체 상태

고체는 돌멩이처럼 일정한 모양과 부피를 가지고 있고, 그것을 담는 그릇에 따라 모양이 변하지 않는 걸 말해. 액체는 물처럼 담는 그릇에 따라 모양이 달라지지만 부피는 변하지 않지. 기체는 모양도 일정하지 않고 압력을 가했을 때 부피가 줄어드는 성질이 있어.

온도를 높이면 고체는 액체로, 온도를 더 높이면 액체가 기체로 변해. 이때 고체가 액체로 변하는 것을 '융해', 액체가 기체로 변하는 것을 '기화'라고 해. 고체에서 바로 기체가 되는 경우도 있는데 이것은 '승화'라고 해.

39 생물

무생물이 아닌 것으로, 생명이 있는 것

생물은 자동차나 로봇과 달리 살아 있는 것이야. 생물은 자기 몸이 자라는 데 필요한 양분을 섭취하거나 스스로 합성하고, 자신과 닮은 자손을 만들어 퍼뜨리지. 그리고 몸 밖의 변화를 느끼고 반응하며 몸속 환경을 일정하게 유지하는 성질을 갖고 있어.

또한 생물의 몸은 세포로 이루어져 있어. 세포의 크기를 키우거나 세포를 계속 늘려나가면서 몸이 자라지. 게다가 주어진 환경에 적응하고 환경이 바뀌면 살아남기 위해 진화하기도 해. 이러한 특징들이 바로 생물을 무생물과 구분 짓게 해.

최초의 생명체는 지금으로부터 적어도 35억 년 이전에 탄생한 것으로 보여. 가장 오래된 생명체의 화석이 약 35억 년 전의 것으로 발견되었거든. 이 생명체는 엽록소가 있어서 광합성을 하는 남세균이었어. 남세균은 몇십억 년 동안 지구에 산소를 내뿜으며 활동했지. 그 후 세포가 여러 개인 다세포 생물이 나타났고, 바다에서 육지로 생물이 올라와 육지에도 다양한 생물들이 생겨났어. 그리고 공룡이 나타났다가 멸종했고 드디어 인간이 생겨났지.

이러한 역사를 가진 생물은 종수도 많고 매우 다양해. 이것을 '생물 다양성'이라고 해. 그러나 오늘날에 와서 많은 생물이 멸종되고 있어. 생물 다양성이 줄어들면 생태계를 위협해 인류에 심각한 해가 될 수 있어.

아무지게 알자!
과학 개념어

ㅅ

40 생태계

어떤 곳에 살면서 서로 영향을 주고받는 생물들과 환경, 그리고 그것들의 관계를 통틀어 이르는 말

한 지역에 사는 생물들은 서로 영향을 주고받으며 살고 있어. 생물들뿐만 아니라 생물과 환경 사이에도 서로 영향을 주지. 이렇게 한 지역에서 서로 영향을 주고받으며 살아가는 생물과 그 생물이 살아가는 환경, 그리고 그들 사이의 관계를 모두 포함해 '생태계'라고 불러.

예를 들어 어항에도 어항 생태계가 있는데, 어항 생태계를 이루는 요소는 다음과 같아. 우선 어항에 살고 있는 물고기와 수초, 미생물 등이 있지. 여기서 수초는 생산자, 물고기는 소비자, 미생물은 분해자야. 그리고 어항 속에 든 물과 어항에 산소를 공급하는 공기, 어항을 비춰 주는 전등의 불빛과 같은 환경 요소도 어항 생태계를 이루는 요소이지.

생태계가 급격히 변하지 않고 안정을 이루었을 때를 '생태계의 평형'이라고 해. 보통의 생태계는 조절 능력이 있어서 평형을 이루지만, 변화가 너무 심하면 생태계의 평형이 깨지게 돼.

41 세포

생물의 기본 단위

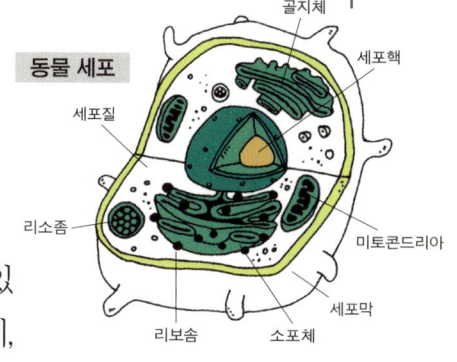

모든 생물은 생물의 기본 단위인 세포로 이루어져 있어. 세포는 막으로 둘러싸인 작은 방처럼 생겼는데, 크기가 작아서 현미경으로 관찰해야 볼 수 있지. '세포(cell)'라는 말은 영국의 과학자 로버트 훅이 1665년에 붙였어. 훅은 현미경으로 코르크를 관찰하다가 세포 구조를 발견했지.

생물은 세포가 한 개인 단세포 생물과 세포가 여러 개인 다세포 생물로 나뉘어. 또한 세포 안에 핵막이 있는가에 따라 핵막이 있는 진핵 세포와 핵막이 없는 원핵 세포로 나뉘지. 동물 세포와 식물 세포는 모두 진핵 세포야. 원핵 세포는 주로 세균과 같은 미생물들의 세포지.

42 세포 분열

하나의 세포가 둘 이상으로 나뉘는 과정

세포 분열은 하나의 세포가 둘 이상으로 나뉘는 것을 말해. 이때 처음의 세포를 모세포, 나뉜 뒤의 세포를 딸세포라고 해.

세포 분열에는 체세포 분열과 감수 분열이 있어. 체세포 분열은 생식 세포를 뺀 나머지 세포인 체세포에서 일어나는 거야. 우리 몸이 자랄 때 일어나는 게 바로 이 체세포 분열이야. 감수 분열은 정자나 난자, 꽃가루처럼 생식 세포를 만들 때 일어나지. 감수 분열은 체세포 분열과 달리 연달아 2번 분열해. 그래서 한 개의 모세포에서 4개의 딸세포가 생겨.

야무지게 알자! 과학 개념어

43 소리

물체의 진동이 음파로 전달되어 귀에 들리는 것

사람의 귀는 '소리'라는 자극을 받아들이는 청각 기관이야. 그렇다면 소리의 정체는 뭘까? 그건 바로 물체의 떨림이 공기를 통해 전해져 오는 거야. 사람은 귀로 이 자극을 받아들이지만, 어떤 동물은 몸에 난 털로 소리 자극을 받아들이기도 해.

소리는 보통 공기를 통해 전해지는데, 이때의 빠르기는 1초에 약 340미터야. 그런데 물속에서라면 더 빨라져. 1초에 약 1500미터 정도 이동하지. 대개 기체보다 액체에서, 액체보다는 고체에서 더 빠르게 전달돼. 이때 소리를 전달하는 물질인 공기나 물 등을 '매질'이라고 해. 소리는 매질이 있어야 전달되지.

소리는 빛과 마찬가지로 곧게 나아가는 성질이 있어. 그리고 나아가다가 물체를 만나면 반사되거나 흡수되지. 또한 중간에 매질이 바뀌면 소리가 나아가는 방향이 꺾이거나, 모서리를 만나면 빙 돌아가기도 해.

한편 모든 동물이 같은 범위의 소리를 들을 수 있는 건 아니야. 사람이 들을 수 있는 소리의 범위는 보통 16~20000헤르츠인데, 이보다 높은 소리는 초음파, 이보다 낮은 소리는 초저파나 초저주파라고 하지.

44 소화

동물이 몸 밖에서 얻은 양분을
흡수하기 쉽게 잘게 쪼개는 과정

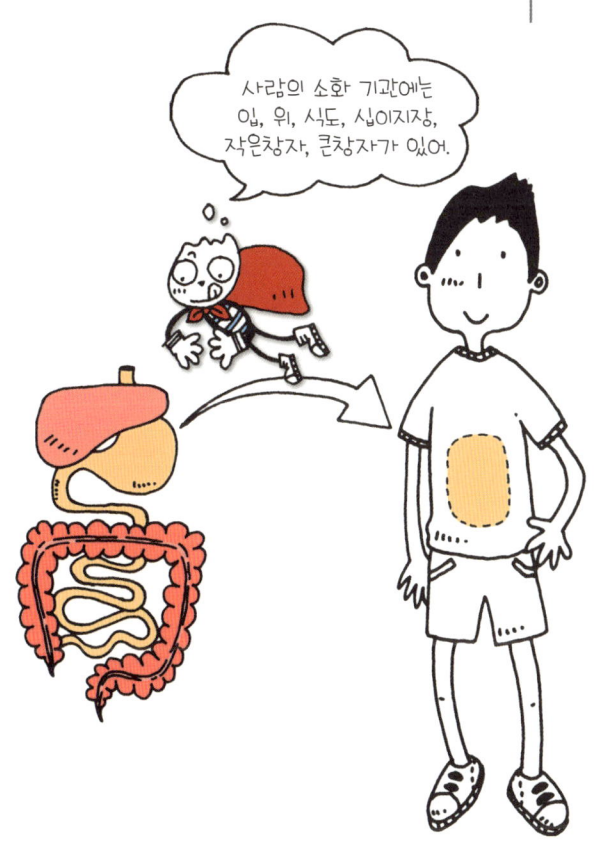

사람을 비롯한 동물은 먹이나 음식물을 통해 영양소를 흡수해. 덕분에 몸을 유지하고 에너지를 내며 살아갈 수 있지. 그런데 몸 밖에서 들어온 음식물은 몸이 바로 흡수하기에는 너무 크고 복잡하게 생겼어. 그래서 잘게 부수어 주는 과정이 필요한데, 이 과정이 바로 '소화'야.

우리 몸에서 소화를 담당하는 기관은 소화 기관이야. 사람의 소화 기관에는 입, 위, 식도, 십이지장, 작은창자, 큰창자가 있어. 입과 식도는 음식물을 부수고 옮기는 기계적 소화를 담당하고, 위나 장은 부순 음식물을 위액 등의 소화액으로 더 작게 분해하는 화학적 소화를 담당해.

이렇게 해서 충분히 작게 분해된 영양소는 작은창자의 융털에서 흡수해. 융털은 작은창자 벽에 나 있는 털로, 꼬불꼬불하게 생겨서 영양소를 흡수하는 면적을 넓게 해 주는 역할을 하지. 그리고 큰창자에서는 물을 흡수해. 이렇게 영양소를 흡수하고 남은 찌꺼기를 항문으로 내보내는데, 그게 대변이야.

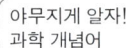

45 속도

일정한 시간 동안 물체의 위치 변화

속력이 일정 시간 동안 물체가 움직인 거리의 크기만을 나타낸다면, 속도는 거리의 크기뿐 아니라 방향의 변화도 같이 나타낸 거야. 예를 들어 '1초에 1미터를 갔다'고 하면 속력을 나타낸 거고, '동쪽으로 1초에 1미터를 갔다'고 하면 속도를 나타낸 거지.

그래서 똑같은 속력으로 움직여도 방향이 다르면 두 물체의 속도는 달라. 한편 꼬불꼬불한 실로 갔든 직선으로 된 길을 갔든 같은 시간 동안 이동한 두 사람의 출발점과 도착점이 같다면 두 사람의 속도는 같아. 하지만 이때 속력은 꼬불꼬불한 길로 간 사람이 더 커. 같은 시간 동안 더 많은 거리를 갔기 때문이야.

46 속력

물체가 일정한 시간 동안 이동한 거리

일정한 시간 동안 이동한 거리의 크기로 물체의 빠르기를 나타내는 방법을 '속력'이라고 해. 속력은 물체가 이동한 거리를 걸린 시간으로 나누어 구하지.

속력은 1초 또는 1분, 1시간을 기준으로 그 시간 동안 이동한 거리를 나타내. 단위는 기준이 되는 시간에 따라 초속(m/s), 분속(m/min), 시속(km/h) 등을 쓰지. 예를 들어 100미터 달리기를 10초에 뛰었다면, 1초에 10미터를 간 셈이기 때문에 이 사람의 속력은 초속 10미터(10m/s)야.

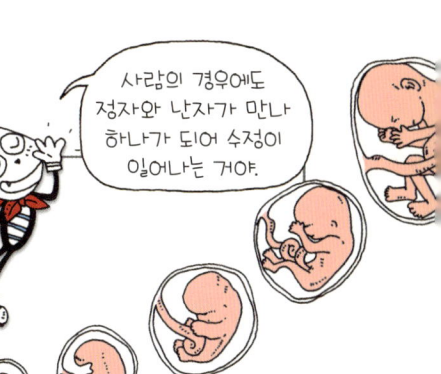

47 수정

암수의 생식 세포가 하나로 합쳐지는 것

생물은 저마다 자신과 닮은 자손을 낳아 자신의 종이 사라지지 않고 오랫동안 번성하도록 애쓰고 있어. 이런 일을 '생식'이라고 하고, 그 과정 중 하나가 '수정'이야.

수정은 암컷의 생식 세포와 수컷의 생식 세포가 하나로 합쳐지는 거야. 동물의 경우 수컷의 정자와 암컷의 난자가 만나 하나가 되는 것이고, 식물의 경우에는 수술의 꽃가루가 암술머리에 닿은 후 암술대 속으로 들어가 씨방 속의 밑씨와 만나는 것을 말하지. 이때 수정이 일어난 후의 난자는 수정란이 되고, 수정이 일어난 후의 밑씨는 씨앗이 돼. 이것들은 곧 새로운 생물 개체로 자라나지.

48 습도

공기 중에 들어 있는 수증기 양

대기에는 질소나 산소가 훨씬 많지만, 수증기도 들어 있어. 수증기는 물이 증발되어 기체 상태가 된 것을 말해. 이러한 수증기가 공기 중에 얼마나 들어 있는가 알려 주는 게 '습도'야. 습도는 공기의 습한 정도로, 공기 중에 들어 있는 수증기의 양을 말하지.

습도는 퍼센트(%)로 나타내. 공기 중에 들어 있는 수증기 양을 그 온도에서 공기가 가장 많이 포함할 수 있는 수증기의 양과 비교해 나타낸 값이야. 숫자가 클수록 습하고 숫자가 작을수록 건조하지.

49 식물

광합성을 통해 양분을 스스로 만들고 옮겨 다니지 않는 생물

식물은 생물을 크게 나눌 때의 한 종류야. 동물과는 다음과 같은 차이점이 있지.

우선 동물은 먹이를 먹어 양분을 얻지만, 식물은 광합성을 통해 스스로 양분을 만들어. 또한 동물은 움직일 수 있지만, 식물은 사람이나 동물이 옮기지 않는 한 한곳에 뿌리박은 채 이동하지 않고 살아가. 식물은 세포도 동물과 좀 다르지. 동물 세포는 세포막으로 둘러싸여 있지만 식물 세포는 세포막과 세포벽으로 둘러싸여 있어. 식물의 세포벽은 셀룰로오스로 되어 있어서 단단해. 또한 동물은 일정 정도 자라면 더 이상 자라지 않지만 식물은 살아 있는 동안 계속 자라는 경우가 많아. 그리고 동물과 달리 식물은 감각 기관이 없다고 알려져 있어.

식물 중에서도 꽃을 피우고 열매를 맺는 식물은 '종자식물'이라고 불러. 종자식물은 씨가 겉으로 드러난 겉씨식물과 밑씨가 씨방 속에 들어 있는 속씨식물로 나뉘지. 그리고 속씨식물은 떡잎이 한 장인 외떡잎식물과 떡잎이 두 장인 쌍떡잎식물로 나뉘어.

50 에너지

일을 할 수 있는 능력

에너지는 사람이든 물체든 누구나 어디에서든지 가지고 있는 능력이야. 언젠가는 일로 바뀔 수 있는 능력이지. 내가 밥을 먹은 뒤 공부를 하는 것, 높은 곳에 있던 물이 떨어지면서 터빈을 돌리는 것 모두 에너지가 다른 에너지로 바뀌거나 일로 바뀌는 과정이야.

에너지는 형태에 따라 빛 에너지, 열에너지, 운동 에너지, 위치 에너지, 전기 에너지, 화학 에너지, 원자력 에너지 등으로 불려. 이것들은 위치 에너지가 운동 에너지가 되었다가 운동 에너지가 전기 에너지가 되는 등 모습을 계속 바꿀 수 있지. 이것을 '에너지의 전환'이라고 해. 그런데 전환 과정에서 에너지는 모습만 바꿀 뿐 절대 새로 생겨나거나 사라지지 않아서 에너지의 총합은 항상 일정해. 이것을 '에너지 보존 법칙'이라고 부르지.

에너지는 에너지 자원의 종류에 따라 화석 연료(석유, 석탄, 천연가스), 우라늄 에너지, 태양 에너지 등으로도 불려. 석유나 석탄 같은 화석 연료는 환경에도 나쁜 영향을 주지만 무엇보다 자원의 양이 한정돼 있다는 단점이 있어. 그래서 요즘에는 고갈 위험이 없는 '재생 에너지'에 관심이 쏠리고 있지.

야무지게 알자!
과학 개념어

51 연소

물질이 산소와 결합해 빛과 열을 내는 현상

인류가 불을 다룰 수 있게 된 건 행운이었어. 덕분에 음식도 익혀 먹고 수준 높은 도구도 만들어 쓸 수 있게 되었지. 불을 다루는 기술이 없었다면 인류는 오늘날과 같은 문명을 이룰 수 없었을 거야.

불꽃을 일으키려면 세 가지 요소가 있어야 해. 우선 나무나 양초와 같은 탈 물질이 있어야 하고 둘째, 스스로 불이 붙는 온도인 발화점 이상으로 높일 열이 필요해. 마지막은 바로 산소야. 탄다는 것, 즉 연소는 산소와 결합해 빛과 열을 내는 과정이기 때문에 산소가 없으면 불꽃이 일지 않아.

반대로 불을 끌 때에도 연소의 세 가지 요소를 이용해. 차가운 물을 뿌려 열을 낮추거나 소화기의 가루로 덮어서 더 이상 산소와 만나지 못하게 하면 불을 끌 수 있어. 불이 붙은 물질이 다 타 버려서 더 이상 탈 것이 없을 때에도 불은 저절로 꺼져. 세 가지 중 하나라도 없으면 연소는 일어나지 않아.

물질이 타고 난 뒤에는 대부분의 경우 물과 이산화탄소라는 물질이 새로 생겨나. 불이 났던 자리에 물이 생긴다니 이상하다고? 촛불을 켜고 나면 양초의 심지 주변에 물이 생기는 걸 볼 수 있어.

52 열의 이동

온도가 높은 곳에서 낮은 곳으로 열에너지가 이동하는 것

열은 온도가 높은 곳에서 온도가 낮은 곳으로 이동하는 에너지야. 물체의 온도를 높이거나 물체의 상태를 고체에서 액체로, 액체에서 기체로 변화시키는 일을 하지.

열은 따뜻한 곳에서 차가운 곳으로 이동해. 난로에 손을 쬐면 난로에서 손으로 열이 이동하고, 얼음에 손을 대면 손에서 얼음으로 열이 이동하지. 이렇듯 열은 온도가 높은 곳에서 낮은 곳으로 이동해. 그러다가 온도가 같아지면 더 이상 이동하지 않아.

열이 이동하는 방법에는 세 가지가 있어. 우선 서로 접촉해 있는 물질끼리 또는 한 물질 안에서 열이 전달되는 방법인 '전도'가 있어. 쇠막대의 한쪽 끝에 열을 가하면 열을 가한 쪽부터 차례대로 뜨거워지는 것이 그 예야.

둘째 방법은 '대류'야. 물을 끓일 때나 육지나 바다 위의 공기가 데워질 때 열이 이동하는 방법이지. 뜨거워진 물이나 공기는 가벼워져서 위로 올라가고 차가운 물이나 공기는 무거워져서 아래로 내려가. 이렇게 물이나 공기가 직접 빙글빙글 돌며 열의 이동이 일어나는 게 대류야.

셋째 방법은 '복사'야. 복사는 중간에 열을 전달하는 물질이 없이 서로 떨어져 있는 상태에서 열이 이동하는 방법이야. 태양열이 내리쬐는 것이나 난로의 열이 내 몸에 느껴지는 것 등이지. 물체의 표면이 검은색이면 복사열을 잘 흡수하고, 흰색이면 복사열을 잘 반사해. 그래서 여름엔 밝은 색 옷을 입는 게 좋아.

아무지게 알자!
과학 개념어

53 온도

따뜻함과 차가움의 정도를 수치로 나타낸 것

차고 뜨거운 것은 사람마다 상황마다 다르게 느껴지는 경우가 많아. 같은 날씨에도 나는 춥다고 느끼지만 친구는 따뜻하다고 느낀다거나, 얼음을 물고 있다가 음식을 먹으면 평소와 다르게 느껴지기도 해.

온도는 물체의 따뜻하고 차가운 정도를 사람의 주관적인 판단에 기대지 않고, 정확한 기준에 따라 수치로 나타낸 값이야. 단위로는 섭씨온도(℃), 화씨온도(℉), 절대온도(K) 세 가지가 있는데 그중 가장 널리 쓰이는 게 섭씨온도야. 섭씨온도는 1기압일 때의 물의 상태 변화를 기준으로 했어. 얼음이 녹는점은 0도와 물이 끓는점인 100도를 100등분해서 기준 단위로 삼았지.

온도를 정확하게 잴 때 사용하는 온도계에는 빨간색 알코올 기둥이 있어. 알코올은 온도가 높으면 부피가 늘어나고 낮으면 줄어드는 성질을 갖고 있어서 온도에 따라 빨간색 기둥의 높이가 오르락내리락해.

54 온실 효과

대기가 지구의 복사 에너지를 흡수하여 지표 부근의 온도를 높이는 작용

지구는 매일매일 태양으로부터 오는 에너지를 받아들여 흡수해. 이렇게 흡수된 열에너지는 다시 지구 밖 우주로 내보내게 되지. 그렇게 하지 않으면 지구의 온도는 계속 올라서 용광로보다 더 뜨거워질 거야.

그런데 지구 표면은 대기가 감싸고 있잖아. 이 대기에 있는 몇몇 성분이 지구에서 우주로 나가는 열에너지의 일부를 흡수해 지구 표면 근처에 계속 붙잡아 두는 역할을 해. 그러면서 지표와 대기의 온도를 높이는데 이것을 '온실 효과'라고 불러. 마치 대기가 온실을 둘러싼 유리나 비닐하우스와 같은 효과를 일으키기 때문에 이런 이름이 붙었지. 그리고 대기의 성분 중 온실 효과를 일으키는 기체는 '온실 기체'라고 불러. 이산화탄소와 수증기, 메탄, 오존 등이 온실 기체야.

온실 효과가 나쁜 것만은 아니야. 만약 대기의 온실 효과가 없다면 지구 표면의 온도가 너무 낮아져서 물이 얼어 있는 경우가 많아지고 생물들도 지금처럼 살기 힘들 거야. 하지만 대기가 지구를 이불처럼 덮어 줘서 지금의 평균 기온 15도를 유지시켜 주지.

그런데 온실 효과가 지나치면 지금까지 생물이 적응해 온 기온보다 더 높아지게 돼. 이런 변화가 짧은 시간에 심해지면 생물은 적응하지 못하고 멸종하는 종도 생기게 되지. 그러면 생태계가 파괴되고 사람도 살기 어려워질 거야.

대기 밖으로 빠져나가는 열

자동차나 공장, 화력 발전소에서 나오는 이산화탄소와 메탄 같은 온실가스 때문에 대기 밖으로 빠져나가지 못하는 열

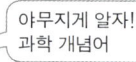

55 용액

두 가지 이상의 물질이 고르게 섞여 있는 혼합물

물질이 섞여 있는 것을 혼합물이라고 해. 그런데 혼합물 중에는 잡곡밥처럼 불규칙하게 섞여 있는 것도 있고, 설탕물처럼 고르게 섞여 있는 것도 있어. 이들 중 잘 녹은 설탕물처럼 고르게 섞여서 어느 부분을 취해도 같은 성질을 나타내는 혼합물을 '용액'이라고 불러.

고르게 섞인 혼합물이면 모두 용액이지만 보통은 액체 상태인 용매에 기체나 액체, 고체 상태의 용질이 녹은 것을 용액이라고 말해. '용매'는 녹이는 물질이고, '용질'은 녹은 물질이야. 예를 들어 설탕물 용액은 물이 용매이고, 설탕이 용질이지.

56 용해

어떤 물질이 다른 물질에 녹아 고르게 섞이는 것

'용해'는 녹는다는 걸 표현하는 말인데, 용매에 용질이 녹아 용액이 되는 현상을 말해.

설탕과 같은 고체를 물에 녹일 때는 알갱이가 작을수록, 빨리 저어줄수록, 그리고 물이 양이 많고 뜨거울수록 빨리 녹아.

그런데 이산화탄소와 같은 기체를 녹일 때는 좀 달라. 기체는 물의 온도가 낮을수록, 압력이 높을수록 더 잘 녹아. 사이다의 뚜껑을 따면 거품이 나는 것도 압력이 높았을 때 녹아 있던 이산화탄소가 압력이 낮아지자 갑자기 밖으로 빠져나왔기 때문이야.

57 용해도

어떤 온도에서 용매 100그램에 녹을 수 있는 용질의 최대 양

가루 물질을 같은 양의 물에 녹일 때 녹일 수 있는 가루 물질의 양은 물의 온도가 높아질수록 많아져. 예를 들어 물 100그램에 녹일 수 있는 설탕의 양은 물의 온도가 20도일 때는 약 204그램이지만, 100도일 때는 485그램이나 되지. 이렇게 온도에 따라 물질이 녹을 수 있는 양이 달라지는데, 어떤 온도에서 용매 100그램에 최대로 녹을 수 있는 용질의 양을 '용해도'라고 해.

용해도는 물질에 따라 달라. 예를 들어 설탕은 물의 온도가 높아지면 녹을 수 있는 양이 매우 커지지만, 소금은 물의 온도가 높아져도 녹는 양이 아주 약간만 커지지.

그런데 어떤 가루 물질을 용해도 이상으로 녹이면 어떻게 될까? 더 이상 녹지 않고 가라앉는 것이 생기겠지. 이렇게 어떤 온도에서 더 이상 녹을 수 없어 가라앉기 시작하는 상태의 용액을 '포화 용액'이라고 불러. 하지만 낮은 온도에서 포화 용액이었던 것도 온도를 높이면 불포화 용액이 될 수 있어. 용해도는 온도에 따라 달라지기 때문이야.

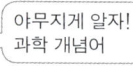

58 우주

모든 천체를 포함해 모든 물질과 에너지가 있는 공간

우주는 우리가 알고 있는 가장 커다란 범위의 공간이야. 지구와 태양계를 넘어 한쪽 끝에서 다른 쪽 끝으로 가로질러 가는데 빛의 속도로 10만 년이나 걸리는 우리 은하, 그러한 은하가 1000억 개도 넘게 있을 만큼 광활한 공간이 바로 우주야. 그리고 우주는 천체뿐 아니라 우주 먼지, 가스, 암흑 물질, 에너지까지 포함하고 있어.

물리학에서는 여기에 시간 개념까지 포함해 우주를 모든 물질과 에너지가 있으며 모든 사건이 일어나는 배경이 되는 시공간의 총체라고 말하기도 하지.

이러한 우주가 137억 년 전 작은 점에서 시작되었다는 이론이 있어. 바로 빅뱅 우주론이야. 이 우주론에 따르면 현재 존재하는 모든 물질과 에너지가 작은 점에 압축되어 있다가 거대한 폭발과 함께 서로 멀어지면서 우주가 시작되었어.

폭발 직후 여러 가지 소립자들이 만들어졌고, 이어 양성자와 전자가 생겨났지. 이후 38만 년이 지나자 우주 온도는 약 3000도가 되었고 양성자와 전자가 결합해 수소 원자가 만들어졌어. 이때 만들어진 빛이 우주에 널리 퍼져 있을 거라고 빅뱅 우주론의 대표적 학자인 조지 가모프가 예견했는데, 1965년 펜지어스와 윌슨이 우주 배경 복사를 발견해 이를 증명해 냈지.

빅뱅 후 약 3억 년이 되자 최초의 별이 생겼고, 별은 태어났다 사라지며 새로운 별을 낳았어. 그 후로도 우주는 계속 팽창해 지금의 우주가 되었지.

59 운동

어떤 기준에 대하여 시간에 따라 물체의 위치가 변하는 것

물체에 힘을 주면 물체의 모양도 변하지만 물체의 움직임이 바뀌기도 해. 멈춰 있던 물체가 움직이거나 움직이던 물체가 멈추지. 물체가 움직이면 자연히 물체의 위치가 처음과 달라지잖아. 이렇게 시간이 변함에 따라 물체의 위치가 변하는 것을 '운동'이라고 해. 우리가 일상생활에서 말하는 운동과는 조금 차이가 있지?

예를 들어 기차가 철로를 따라 달리고 있을 때 과학에서는 기차가 운동한다고 말해. 그런데 달리는 기차 안에서 밖을 보면 오히려 기차 밖 사람이 움직이는 것처럼 보여. 집도 나무도 휙휙 지나가지. 달리고 있는 건 기차인데, 오히려 기차 안의 물건은 운동하지 않고 멈춰 있는 것처럼 보이고 말이야. 기차가 역에 잠시 멈췄다가 다시 출발하기 시작하면 옆에 나란히 서 있던 기차가 갑자기 뒤로 가는 것처럼 느껴지기도 해.

이처럼 운동은 무엇이 기준인지에 따라 달라져. 그래서 운동을 말할 때에는 무엇이 기준인가가 중요해.

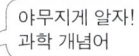

60 원소

물질을 이루는 기본 요소

원소는 물질을 이루는 기본 요소를 말해. 옛날부터 사람들은 모든 물질이 기본이 되는 몇 가지 요소로 이루어져 있다고 생각했어. 고대 그리스의 엠페도클레스는 모든 물질은 물, 불, 흙, 공기라는 네 가지 원소로 이루어져 있다는 4원소설을 주장했지.

근대에 과학이 발달해 물질에 대해 많이 알게 되자 원소의 개수도 늘어났어. 17세기 프랑스의 라부아지에는 원소는 33종류가 있다고 주장했지. 이 33종류 중에는 지금도 원소로 불리고 있는 것도 많지만 열이나 빛을 원소로 분류하는 등 잘못된 것도 있었어.

오늘날 알려진 원소의 종류는 110종이 넘어. 이것은 주기율표에 나오는 원자 번호의 개수만큼이야. 그렇다면 원소는 원자와 무엇이 다를까? 원자가 물질을 이루는 하나하나의 기본 알갱이라면, 원소는 그 속성에 더 주목한 거야. '수소 원자'라고 할 때는 셀 수 있는 수소 알갱이 하나하나를 말하는 것이지만, 그냥 '수소'라고 할 때는 수소 원자들 전체가 갖는 속성을 표현하는 거라고 할 수 있어.

61 원자

원소의 성질을 잃지 않으면서 물질을 이루는 가장 작은 알갱이

원자는 물질을 이루는 가장 작은 알갱이야. 고대 그리스의 데모크리토스가 붙인 '원자(atom)'라는 이름은 그리스어로 쪼개지지 않는 것을 뜻해. 그렇다면 원자는 더 이상 쪼개지지 않느냐고? 그런 건 아니야. 원자는 원자보다 작은 입자인 양성자, 중성자, 전자로 쪼갤 수 있거든. 하지만 이렇게까지 쪼개면 원소의 성질을 잃어버려. 그러니 원소의 성질을 잃지 않는 범위에서 쪼갤 수 있는 가장 작은 알갱이가 원자야.

62 원자설

돌턴이 1803년에 원자에 관해 내놓은 가설

돌턴은 원자에 관해 다음과 같은 가설을 내놓았어. 첫째, 모든 물질은 더 이상 쪼갤 수 없는 원자로 이루어진다. 둘째, 같은 종류의 원자는 크기, 모양, 질량 등 모든 성질이 같고, 다른 종류의 원자는 성질이 서로 다르다. 셋째, 화학 변화가 일어날 때 원자는 새로 생기거나 없어지지 않는다. 넷째, 화합물은 두 종류 이상의 원자들이 간단한 정수비로 결합해 만들어진다.

하지만 오늘날에 와서 몇 가지 수정될 부분이 있지. 우선 원자는 양성자, 중성자, 전자로 쪼개질 수 있다는 점이야. 또 하나는 같은 종류의 원자라도 질량이 다를 수가 있다는 거야. 완벽하진 않지만 돌턴의 원자설은 현대의 원자 모형을 세웠다는 점에서 큰 공헌을 했어.

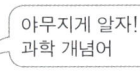

63 유전

부모가 가진 특성이 자손에게 대를 물려 전해지는 것

곱슬머리, 노란 피부, 검은 눈동자, O형 혈액형 등은 모두 부모에게서 물려받은 거야. 이렇게 부모가 가진 특성이 자식에게 물려지는 것을 '유전'이라고 해.

그런데 유전은 어떻게 일어날까? 그것을 밝혀내는 데 크게 공헌한 사람은 오스트리아의 수도사였던 멘델이야. 그는 유전이 몇 가지 일정한 법칙을 따른다는 것을 실험을 통해 밝혀냈고, 유전이 일어나는 과정에 부모 세대가 자식 세대에 전해 주는 특정 물질이 특별한 역할을 한다고 생각했어. 이 물질은 나중에 유전자로 밝혀졌지.

64 유전자

유전을 일으키는 인자로,
유전 정보의 단위

유전자는 부모로부터 자식에게 부모의 어떤 특성이 전해질지 결정하는 유전 정보의 단위야. 생물 세포의 염색체에 들어 있는 DNA가 배열되는 방식을 가리키는 말이기도 해. DNA는 보통 꽈배기 모양의 이중나선으로 꼬여 있어. 유전자 서열을 밝히면 생명체의 구성과 특징을 모두 알 수 있기 때문에 유전자 지도는 '생명체의 설계도'라고 불릴 정도지.

질병 유전자를 찾아 치료법을 개발하고, 유전자를 변형해 새로운 작물을 탄생시키는 등 유전자를 활용하는 기술은 점차 발전하고 있어.

65 은하

수천 억 개의 별과 성간 물질이 모여 무리를 이루고 있는 것

은하는 수많은 천체들이 모여 무리를 이룬 거야. 수천 억 개의 별과 성간 가스, 티끌 구름 등이 모여 있지.

은하들 중에 우리 태양계가 있는 은하를 '우리 은하'라고 해. 우리 은하는 막대 나선 모양의 은하이고, 지름은 10만 광년 정도 돼. 태양은 우리 은하의 중심에서 약 3만 3천 광년 떨어져 있지.

예전에는 은하가 우리 은하 하나인 줄 알았어. 하지만 1920년대 이후 망원경 기술이 크게 발달하면서 우주의 먼 거리까지 자세히 관찰하게 되었고, 외부 은하의 존재도 알려지게 되었어.

마젤란은하는 우리 은하에서 가장 가까운 은하로, 대마젤란은하와 소마젤란은하를 통틀어서 말해. 각각 17만 광년과 18만 광년 떨어져 있지. 안드로메다은하는 처음엔 성운으로 알려졌다가 나중에 우리 은하와 비슷한 나선 모양 은하로 밝혀졌어. 안드로메다자리 방향으로 지구에서 250만 광년 정도 떨어져 있지.

66 일식과 월식

일식 : 태양이 달에 가려지는 현상
월식 : 달이 지구 그림자에 가려지는 현상

한 천체가 다른 전체에 가려지는 것을 '식'이라고 해. 지구와 태양, 달 이 셋의 위치에 따라서도 '식' 현상이 일어나는데, 태양이 달에 가려질 때를 '일식', 달이 지구에 가려질 때를 '월식'이라고 해.
일식은 태양과 지구 사이에 달이 들어가 일직선을 이룰 때 일어나. 월식은 지구가 달과 태양 사이에 일직선으로 위치할 때 일어나. 이때는 지구 그림자에 달이 가리는데, 보름달일 때만 일어나지.

67 자기장

자석이나 전류 주위에 자기력이 미치는 공간

자석 주위나 전류가 흐르는 곳의 주변에는 보이지 않는 힘이 작용해. 이 보이지 않는 힘을 '자기력'이라 하고 이 힘이 미치는 공간을 '자기장'이라고 하지.
자기력은 자석의 두 극 사이에 작용하는 힘이야. 서로 다른 극은 잡아당기고 서로 같은 극은 밀어내지. 그리고 자석의 두 극이 가까울수록 자기력은 세지고, 멀어질수록 자기력은 약해져.
한편 자기장의 세기는 자석에서 멀수록 약해져. 자기장의 세기와 방향은 자기력선으로 나타내지. 자기력선은 N극에서 나와 S극으로 들어가는데, 자기력선이 촘촘할수록 자기장의 세기가 센 거야.

68 자외선과 적외선

자외선 : 가시광선보다 파장이 짧은 빛
적외선 : 가시광선보다 파장이 긴 빛

빛 중에는 사람의 눈으로 볼 수 있는 빛인 가시광선도 있지만 그렇지 않은 빛도 있어. 가시광선도 프리즘에 비춰 보면 빨주노초파남보 등 여러 가지 색깔로 나뉘어 보여. 빨강색 빛은 가시광선 중 파장이 가장 긴 빛이고, 보라색 빛은 파장이 가장 짧은 빛이야.

그런데 가시광선의 빨강색 빛보다 파장이 길거나 보라색 빛보다 파장이 짧아서 눈에 보이지 않는 빛이 있어. 이들이 바로 자외선과 적외선이야. 프리즘으로 빛을 분해했을 때 빨간색 바깥쪽에 있는 빛이 적외선이고, 보라색 바깥에 있는 빛은 자외선이지.

자외선과 적외선은 우리 눈으로 볼 수는 없지만 생활에 두루 쓰여. 자외선은 살균 작용을 해서 소독기 등에 쓰이지만 많이 쬐면 피부나 각막에 손상을 입을 수 있어. 그래서 자외선이 많이 내리쬐는 날에는 자외선 차단제를 바르고 선글라스를 써야 해. 적외선은 공항의 검색대나 도난경보기 장치에 쓰이고, 열에너지가 강해 근육 치료 등 의료용으로도 쓰여.

69 자전

천체가 고정된 축을 중심으로 스스로 도는 것

한 천체가 다른 천체의 주위를 도는 것을 '공전'이라고 하는데, 이에 비해 한 천체가 고정된 축을 중심으로 스스로 도는 것은 '자전'이라고 해. 이때 자전의 중심이 되는 가상의 축을 '자전축'이라고 불러. 지구의 자전축은 남극과 북극을 잇는 가상의 축이야.

지구는 하루에 한 바퀴씩 도는 자전 운동을 해. 이때 자전하는 빠르기는 거의 일정하지만, 달과 태양이 지구의 바닷물을 끌어당겨 생기는 조석 마찰 때문에 하루의 길이가 10만 년에 1초 꼴로 길어져. 한편 달이나 태양도 자전 운동을 해. 달은 한 바퀴 도는 데 약 27.32일, 태양은 태양의 적도 부근을 한 바퀴 도는 데 약 25일이 걸리지.

70 작용과 반작용

작용 : 두 물체 사이에 미치는 힘
반작용 : 작용과 크기는 같으며 방향은 반대인 힘

실제로 제트 비행기나 우주 로켓도 작용·반작용의 원리를 이용해 앞으로 날아가지.

두 물체가 서로 힘을 미치고 있을 때 한쪽이 다른 쪽에 미치는 힘을 '작용'이라고 하면, 그 반대쪽의 힘을 '반작용'이라고 해. 한쪽이 힘을 주면 반드시 다른 쪽도 같은 크기의 힘을 반대 방향으로 미치게 되는데, 이때의 힘이나 이와 같은 현상을 반작용이라고 하지. 예를 들어 내가 손바닥으로 벽을 미는 힘을 작용이라고 해 봐. 그러면 똑같은 크기로 벽이 내 손바닥을 향해 미는 힘을 받게 되는데, 이 힘이 반작용이야.

71 전류

전자가 이동하면서 생기는 흐르는 전기

전기에는 한곳에 머물러 있는 정전기와 전자가 계속 이동하면서 생기는 전기가 있어. 전자가 계속 이동하면서 생기는 전기는 머물러 있지 않고 흐른다고 해서 '전류'라고 해.

전류는 사실 전자의 흐름이야. 다만 예전에는 전자라는 작은 입자에 대해 잘 알지 못해서 전자 대신 양전하가 이동한다고 여겼어. 전기 회로에서 전류의 방향은 전지의 (+)극에서 나와 (-)극으로 들어간다고 말하지만, 실제 전자는 (-)극에서 (+)극으로 도선을 타고 이동하지.

전류의 세기는 암페어(A)라는 단위로 나타내. 1A는 1초 동안 전자 6000000000000000000개가 지나가는 세기야.

72 전압

두 점 사이의 전기 에너지의 차이

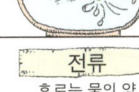

전자는 에너지가 높은 곳에서 낮은 쪽으로 이동하는데, 두 곳의 에너지 차이가 클수록 더 잘 이동하지. 이때 두 곳 사이의 에너지 차이를 '전압'이라고 해. 그러니까 전압이 셀수록 전류가 잘 흐른다는 얘기지. 만약 두 곳 사이에 에너지 차이가 하나도 없어 전압이 0이면 전류는 더 이상 흐르지 않아.

전압의 크기를 나타내는 단위는 볼트(V)야. 보통 우리나라 가정에서는 220V의 전압을 이용하지.

야무지게 알자! 과학 개념어

73 전자기파

전기장과 자기장이 서로를 만들어 내며 퍼져나가는 파동

전자기파는 전기장이 자기장을 만들고, 그 자기장이 또 전기장을 만들고 이것이 계속 반복되면서 퍼져 나가는 파동을 말해. 전자기파는 가시광선, 적외선, 자외선, 전파 등 모든 종류의 빛을 포함하지.

1864년 영국의 맥스웰은 빛이 전자기파라는 가설을 내놓았어. 물론 옛날부터 과학자들은 빛의 정체가 뭘까 궁금해했어. 뉴턴은 빛이 작은 알갱이라고 생각했고, 영국의 로버트 훅이나 네덜란드의 호이겐스는 빛을 소리와 같이 퍼져 나가는 파동이라고 생각했지. 그 뒤 영국의 토머스 영이 빛이 파동이라는 증거를 내놓았지만 묻혔다가 맥스웰에 이르러 빛이 전자기파라는 가설이 나온 거야.

맥스웰이 말한 전자기파가 실제로 있다는 것은 실험으로 증명되었어. 하지만 얼마 지나지 않아 아인슈타인이 빛은 광자라는 작은 알갱이 형태로 전파된다고 주장했고, 이것도 실험으로 증명되었지.

결국 과학자들은 빛은 파동이기도 하고 입자이기도 하다는 결론을 내렸어. 전자기파는 이러한 빛의 두 성질 중 파동의 성질을 강조할 때 쓰는 말이야.

58

74 전자석

철심에 코일을 감아 만든 것으로,
전류가 흐를 때만 자석의 성질을 띠는 것

'전자석'은 전류를 흘려주었을 때 자석의 성질을 띠는 거야. 전기 에너지로 자석의 성질을 만들어 내는 장치이지. 이에 비해 냉장고에 붙이는 자석이나 막대자석은 전기 에너지가 없어도 자석의 성질을 유지해. 이런 자석은 '영구 자석'이라고 해.
전자석은 간단하게 만들 수 있어. 도선을 나선 모양으로 감아 코일을 만들고 코일 안에 철심을 넣어 준 다음, 코일 양끝에 전지를 연결해 주면 되거든. 이때 철심은 쇠로 된 긴 못 등을 쓰면 돼.

75 전지

화학 에너지 등을 전기 에너지로 바꾸는 장치

전지는 우리 생활에서 간편하게 전기 에너지를 공급해 주는 장치야. 건전지, 연료 전지, 태양 전지 등 종류와 쓰임새도 다양하지.
최초의 전지는 1800년 이탈리아의 볼타가 만들었어. 볼타는 은판과 아연판 사이에 소금물을 적신 천을 여러 겹 쌓아 양끝에 전선을 연결해 전기 에너지를 얻었지. 여기서 발전하여 아연판과 구리판을 이용한 볼타 전지가 나왔어. 볼타 전지는 물질의 화학 반응을 이용해 화학 에너지를 전기 에너지로 바꿔 주는 화학 전지야. 보통 우리가 쓰는 건전지가 바로 화학 전지야.

76 정전기

흐르지 않고 머물러 있는 전기

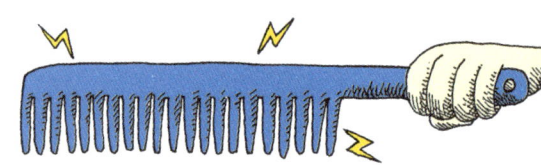

머리카락을 빗을 때 머리카락이 빗에 달라붙는 경험을 해 본 적이 있을 거야. 이것은 정전기 현상이야. 정전기는 흐르는 전기인 전류와 다르게 한곳에 머물러 쌓여 있어. 그래서 한자로 정지해 있다는 뜻의 '정(靜)'자를 써.

호박이라는 보석을 부드러운 천으로 문질렀을 때처럼 두 물체가 마찰했을 때 생기는 마찰 전기도 정전기야. 마찰 전기는 기원전 600년경 그리스의 탈레스가 발견했어. 그래서 호박을 가리키는 그리스어 일렉트론(elektron)이 전기(electricity)의 어원이 된 거야.

77 정전기 유도

도체에 전기를 띤 물체를 가까이했을 때
그 물체와 가까운 곳은 다른 전기를, 먼 곳은 같은 전기를 띠는 현상

정전기 현상은 물체에 있던 전자가 이쪽 물체에서 저쪽 물체로 옮겨가서 생기는 거야. 전기를 띠지 않던 두 물체를 문지르면 전자가 옮겨가 전자를 잃은 쪽은 양전기를 띠고, 전자를 얻은 쪽은 음전기를 띠지. 이렇게 해서 전기를 띠게 된 물체를 '대전체'라고 해.

그런데 전기가 잘 통하는 물체에 대전체를 가까이하면 그 물체도 전기를 띠게 돼. 이때 가까운 곳은 대전체와 반대 성질의 전기를, 먼 곳은 같은 성질의 전기를 띠게 되는데 이것을 '정전기 유도'라고 해. 비 오는 날에 치는 번개도 정전기 유도로 일어나는 거야.

78 중력

지구가 물체를 잡아당기는 힘
또는 모든 물체가 서로를 잡아당기는 힘

'중력'은 지구가 지구 주위의 물체를 잡아당기는 힘이야. 그렇지만 지구만 물체를 잡아당기는 건 아니야. 물체도 지구를 잡아당기지. 그럼에도 지구 주위의 물체가 지구 중심을 향해 끌려가는 이유는 지구가 훨씬 더 무겁기 때문이야. 이렇게 모든 물체는 서로를 끌어당기는데, 이 힘을 '만유인력'이라고 해.

중력은 질량이 클수록 크고 두 물체 사이의 거리가 가까울수록 커져. 달이 덩치가 지구보다 훨씬 더 큰 태양 주위가 아닌 지구 주위를 도는 것도 태양보다 지구가 훨씬 더 가깝기 때문이야.

79 중화 반응

산과 염기가 만나 물과 염을 만드는 과정

생선 구이를 먹기 전에 레몬을 짜서 뿌리면 생선의 비린내를 없앨 수 있어. 또 비누로 머리를 감고 식초를 몇 방울 떨어뜨리면 머릿결이 부드러워지지. 이것은 생활 속에서 중화 반응을 이용한 예야. 중화 반응은 산성 물질과 염기성 물질이 만나 산성과 염기성을 잃는 과정이야. 산성 물질이 녹은 산성 용액에는 수소 이온(H^+)이, 염기성 용액에는 수산화 이온(OH^-)이 들어 있어. 그래서 두 용액을 섞으면 수소 이온과 수산화 이온이 반응해 물(H_2O)이 생기고, 나머지 물질들이 반응해 염을 만들지.

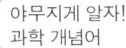
야무지게 알자!
과학 개념어

80 지구

태양계의 세 번째 행성이며, 인류가 사는 천체

우리가 사는 지구는 태양계에서 수성, 금성 다음으로 태양과 세 번째로 가까운 행성이야. 아직까지 밝혀진 바로는 생명체가 살고 있는 유일한 행성이지. 그리고 달을 위성으로 갖고 있어.

내핵 외핵 맨틀 지각

지구의 둘레는 약 4만 킬로미터이고, 지구 주위는 질소, 산소 등으로 이루어진 대기가 감싸고 있어. 지구 속은 지각, 맨틀, 내핵, 외핵 순으로 구성되어 있지. 지구 표면은 육지와 바다로 되어 있는데, 그중 바다가 약 70퍼센트를 차지해. 지구는 하루에 한 바퀴씩 자전을 하고, 1년에 한 바퀴씩 태양의 주위를 도는 공전을 해.

지구의 나이는 약 46억 년이야. 우주의 나이가 약 137억 년인 것에 비하면 지구는 젊은 편이지. 지구는 맨 처음에 지금보다 크기가 작고, 뜨거운 마그마의 바다로 뒤덮여 있었어. 그러다가 지구가 어느 정도 커지고 미행성들과의 충돌이 줄면서 마그마는 식어 갔어. 큰 비가 내리면서 바다도 생겼어. 최초의 생명체로서 세균과 같은 원시적인 단세포 생물이 출현한 것은 지금으로부터 약 35억 년 전이라고 해.

81 지구 온난화

지구 표면의 평균 온도가 높아지는 것

'지구 온난화'는 지구가 예전에 비해 따뜻해지는 현상, 즉 지구 표면의 평균 온도가 높아지고 있는 현상을 말해.

기후 변화에 대응하고자 설립된 국제기구는 19세기 후반 이후 지구의 연평균 기온이 0.6도 올랐다고 밝혔어. 인류가 화석 연료를 너무 많이 써 온 데다 이산화탄소를 흡수하는 숲까지 파괴시키는 바람에 지구 온난화의 주범인 이산화탄소가 늘어났다는 거야.

지구 온난화가 계속될 때 가장 큰 문제는 남극에 있는 빙하가 점점 녹아서 바다로 흘러드는 바람에 바닷물의 높이가 점점 높아진다는 거야. 몇몇 바닷가 마을과 섬은 바닷물에 잠겨 사라질 수도 있지. 차가워진 바다가 바람의 흐름을 바꿔 놓아 지구 곳곳에서 예전에는 없던 이상기후가 나타날 수도 있어.

지구 온난화 문제를 해결하기 위해서는 이산화탄소 등 온실 기체를 줄이기 위한 여러 가지 노력이 필요해.

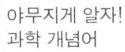

82 지진

지구 내부의 힘을 받아 땅이 갈라지고 흔들리는 것

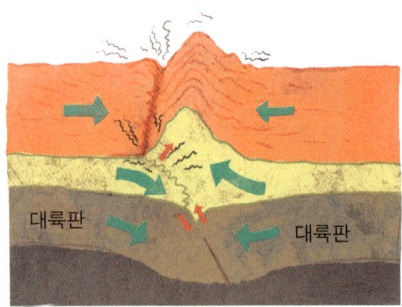

지진이 일어나면 땅이 흔들리고 갈라져. 심할 때는 땅 위에 있는 건물이 무너지고, 사나운 지진 해일이 일어 해안을 덮치기도 해.

이런 일이 일어나는 것은 지구 내부에서 어떤 커다란 힘을 받았기 때문이야. 이 힘을 만들어 내는 것 중의 하나로 과학자들은 대륙판의 충돌을 들고 있어.

지구 속은 지각, 맨틀, 내핵, 외핵으로 이루어져 있어. 그런데 지각은 딱딱한 고체이지만 맨틀은 지각보다 무른 고체 상태이거든. 지구 내부의 열을 받아 물렁물렁해졌기 때문이야. 맨틀에서도 열을 더 많이 받은 부분은 녹아서 가벼워져 위로 올라가. 그러면서 맨틀의 대류가 일어나지.

이렇게 움직이는 맨틀 위에 지각이 떠 있는데, 지각은 하나로 붙어 있는 게 아니라 여러 개의 대륙판으로 갈라져 있어. 이 판들이 맨틀을 따라 움직이다가 부딪치는 일이 생기는 거지. 이때 나오는 엄청난 에너지가 지진을 일으키는 거야.

실제로 지진이 많이 일어나는 지역을 지도에 표시해 보면 대륙판들이 만나는 경계선에 있는 경우가 많아. 이 밖에도 지진은 화산 활동이나 지하 폭발 실험 때문에 일어나기도 해.

땅속에서 지진이 발생한 곳은 '진원'이라 하고, 진원 바로 위의 지표 지점을 '진앙'이라고 해. 지진의 세기는 '규모'나 '진도'로 나타내는데, 진도는 사람이 지진을 느끼는 세기이고 규모는 느낌과 관계없이 지진 자체의 에너지를 측정해 나타낸 값이야.

83 지진파

지진 때문에 생기는 진동

지진이 일어나면 땅이 흔들리면서 그 진동이 멀리까지 퍼져 나가게 돼. 이 진동을 '지진파'라고 부르지. 지진파 중 지구 내부를 통과하는 파는 두 가지가 있는데 P파와 S파야. P파는 지진 관측소에 먼저(primary) 도착하는 파이고, S파는 두 번째(secondary)로 도착하는 파야.

지진파는 통과하는 물질의 종류와 상태에 따라 반사하거나 꺾이고 진행하는 빠르기도 달라져. 예를 들어 S파는 고체만 통과하고 기체와 액체는 통과하지 못하지. 지구 내부가 지각, 맨틀, 외핵, 내핵으로 이루어져 있다는 것도 지진파 연구를 통해 알게 된 사실이야.

84 지층

자갈, 모래, 진흙 등이 쌓여 층을 이룬 것

'지층'은 자갈, 모래, 진흙 등이 오랜 세월에 걸쳐 모이고 쌓여 층을 이룬 거야. 강물이 산골짜기에서부터 내려오면서 바위와 흙을 깎아 운반해 온 것들이 강바닥이나 호수 바닥, 바다 밑 등에 계속 쌓인 채 오랜 시간이 흐르면 다져지고 굳어져 지층이 돼.

이렇게 만들어져 물속에 있던 지층은 지각 변동이 일어나 땅 위로 솟아오르기도 해. 그런 뒤 사람들에게 발견되어 과거 지구 모습이 어땠는지 알 수 있는 단서를 주기도 하지. 지층이 휘어졌거나 끊어져 있으면 과거에 큰 지각 변동이 있었다는 것을 추측할 수 있어.

85 진화

생물이 여러 세대를 거치며 모양과 행동이 점차 변해 가는 것

생물은 약 35억 년 전 지구에서 태어난 뒤로 계속 변해 왔어. 처음엔 단순한 단세포 생물이었던 것이 오랜 세월에 걸쳐 매우 복잡해졌고 종류도 훨씬 다양해졌지. 이 과정에서 한 종류의 생물이 그 안에서 세대를 거쳐 모양과 행동이 조금씩 변화하기도 하고, 아예 생물 종이 사라지거나 새로 생겨나는 등 크게 변화하기도 했어. 이렇게 생물이 변해 온 과정을 생물의 '진화'라고 해.

생물 진화에 대해 과학적인 이론을 처음으로 내놓은 사람은 영국의 찰스 다윈이야. 다윈은 1859년 『종의 기원』이란 책에서 생물 진화의 원리에 대해 설명했지.

다윈은 많은 수의 생물이 주어진 환경에서 경쟁을 하고 있고, 이들 중 주어진 환경에 잘 적응할 수 있는 특성을 지닌 개체가 살아남아 자손을 더 많이 남긴다는 '자연 선택설'을 주장했어. 그리고 이것을 생물이 진화하는 주된 요인으로 보았지.

생물은 한 종류 안에서 여러 가지 형태와 특징을 보여. 이것을 '변이'라고 하는데, 유전자를 통해 전달되는 유전 변이와 자라온 환경의 영향을 받는 환경 변이가 있지. 이들 중 자연 선택의 대상이 되는 건 유전 변이야. 예를 들어 부모님께 물려받은 검은색 머리카락은 자연 선택의 대상이 될 수 있지만, 원래 금발 머리였던 사람이 염색해 검은 머리가 된 것은 자연 선택의 대상이 될 수 없어.

86 초음파

주파수가 2만 헤르츠가 넘어 사람이 귀로 들을 수 없는 음파

메뚜기 100~15000Hz

사람 20~20000Hz

개 15~50000Hz

박쥐 1000~120000Hz

돌고래 150~150000Hz

사람의 귀로 들을 수 있는 소리의 주파수는 보통 20~2만 헤르츠(Hz)야. 초음파는 이 범위를 벗어나 2만 헤르츠를 넘는 음파로, 사람의 귀로는 들을 수 없지. 하지만 돌고래나 박쥐는 들을 수 있어.
초음파는 우리가 들을 수는 없지만 여러 용도로 쓰이고 있어. 가까운 예가 병원에서 볼 수 있는 초음파 검사야. 태아의 모습을 관찰할 때 쓰이지. 또한 초음파는 물고기 떼나 잠수함 등 바닷속 물체를 탐지하는 음파 탐지기에도 쓰여.

87 탄성력

힘을 받아 모양이 바뀐 물체가 원래의 모양으로 되돌아가려는 힘

물체가 힘을 받으면 찌그러지거나 늘어나는 등 모양이 바뀔 수 있어. 그러다가 그 힘이 없어지면 원래의 모양으로 돌아가려고 하지. 물체의 이런 성질을 '탄성'이라 하고, 이때 필요한 힘을 '탄성력'이라고 해.
물체의 재질과 모양에 따라 탄성의 정도도 달라. 고무줄과 용수철은 탄성이 큰 물체지. 물체의 모양을 많이 바꾸고 싶다면 물체에 큰 힘을 줘야 해. 하지만 물체에 지나친 힘을 주면 원래의 모양으로 되돌아갈 수 없게 돼. 탄성을 유지할 수 있는 힘의 한계를 넘었기 때문이야.

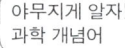
아무지게 알자!
과학 개념어

ㅌ
ㅍ

88 태양

태양계의 중심이 되는 항성

태양은 지구에서 약 1억 5천만 킬로미터 떨어져 있어. 지름이 지구의 109배이며, 질량도 지구의 33만 배나 돼. 태양계에 있는 모든 행성의 질량을 합친 것보다도 750배나 무거워. 태양계 내에서 유일하게 스스로 빛나는 별이며, 표면 온도는 약 6000도로 추정돼.

태양은 수소의 핵융합 반응을 통해 막대한 에너지를 내놓는데, 이 에너지의 일부가 지구까지 도달해 지구의 모든 생물들을 살아가게 하고 있어. 또한 태양 에너지는 인간이 사용하는 모든 에너지의 근원이기도 해. 태양의 나이는 약 47억 년 정도이며 태양의 수명은 약 100억 년으로 알려져 있어.

89 태양계

태양과 태양을 돌고 있는 천체들의 모임

태양계는 태양과 태양의 중력에 이끌려 태양 주위를 돌고 있는 천체들의 모임이야. 태양을 중심으로 해서 가까운 순서대로 수성, 금성, 지구, 화성, 목성, 토성, 천왕성, 해왕성이 있어. 행성들은 모두 태양 주위를 반시계 방향으로 공전하는데, 수성을 제외하고는 공전하는 궤도가 거의 같은 평면상에 위치하고 있어서 나란히 늘어서 있는 것처럼 보여.

태양계에는 이 8개의 행성뿐 아니라 행성 주위를 돌고 있는 위성, 약 2000개의 소행성, 태양 주위를 지나는 혜성, 긴 빛줄기를 만드는 유성 등이 모여 있어. 이처럼 거대해 보이는 태양계도 우주 전체에서 보면 은하계의 중심으로부터 멀리 떨어진 변두리에 위치한 그리 크지 않은 모임 중 하나일 뿐이야.

90 태풍

북태평양에서 만들어져 아시아 동부로
불어오는 열대 저기압

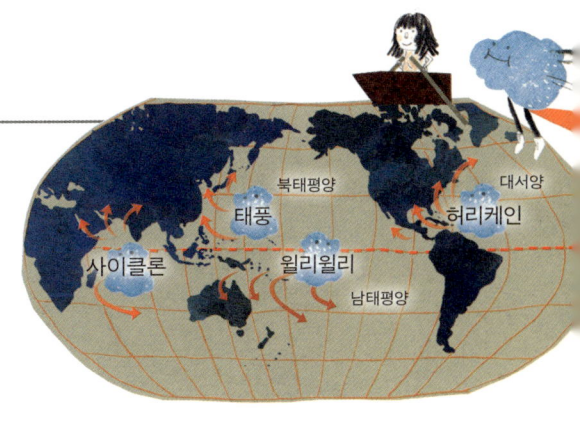

여름이면 우리나라를 몇 번씩 찾아와 자연재해의 공포에 떨게 하는 것이 태풍이야. 태풍은 저 멀리 북태평양 열대 바다에서 만들어져. 그곳의 공기는 매우 따뜻하고 수증기를 많이 품고 있어. 그래서 열대 저기압이 생기기 쉬워.

태풍은 중심의 최대 풍속이 초속 17미터가 넘어. 그리고 중심에서 수십 킬로미터 떨어진 부분의 피해가 가장 커. 중심은 오히려 바람도 없고 맑게 개어 있는데 이 부분을 '태풍의 눈'이라 불러.

태풍은 윌리윌리, 사이클론, 허리케인 등 발생 지역에 따라 이름이 다양하지.

91 파동

한곳에서 생긴 진동이 주위로 퍼져 나가는 것

호수에 돌을 던지면 돌이 닿은 곳 주위에 물결이 둥근 원 모양을 그리며 점점 퍼져 나가. 이처럼 한 지점에서 생긴 진동이 주위로 점점 멀리 퍼져 나가는 것을 '파동'이라고 불러.

호수에서처럼 물결이 그리는 파동은 '물결파'라고 해. 물이 직접 이동하는 것이 아니고 파동 에너지만 이동하는 거야. 소리도 파동의 하나인데 이것은 '음파'라고 해. 물결파와 음파는 모두 파동을 옮겨 주는 매질을 필요로 해. 물결파의 매질은 물이고, 음파의 매질은 공기야.

92 파장

파동에서 마루와 마루 또는 골과 골 사이의 거리

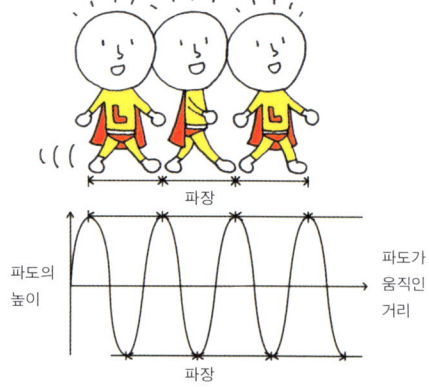

파동이 퍼져 나가는 모습을 보면 일정한 모양이 규칙적으로 반복되는 것을 볼 수 있어. 예를 들어 물결이 퍼져 나갈 때는 위로 올라갔다 아래로 내려갔다 S자를 눕힌 모습이 반복되는 것처럼 보이지. 이때 하나의 일정한 모양이 반복되어 나타나는 거리를 '파장'이라고 해.

물결파를 예로 들었을 때 물결이 가장 높이 올라가는 지점을 마루, 가장 낮게 내려가는 지점을 골이라고 해. 물결파는 마루와 골을 왔다 갔다 하며 반복된 모양을 그리며 퍼져 나가는데, 이때 마루와 마루 사이, 골과 골 사이의 거리가 파장이 되는 거야.

93 행성

스스로 빛을 내지 못하며, 항성 주위를 도는 천체

행성은 지구가 태양 주위를 도는 것처럼 항성 주위를 도는 천체를 말해. 항성은 스스로 빛을 낼 수 있지만 행성은 그렇지 못해. 그럼에도 밤하늘에서 행성이 보이는 것은 항성의 빛을 반사해 그렇게 보이는 거야.

태양계의 행성인 수성, 금성, 지구, 화성, 목성, 토성, 천왕성, 해왕성 중 가장 큰 행성은 목성이야. 한편 명왕성은 한때 태양계의 9번째 행성으로 불렸다가 지금은 왜소행성으로 신분이 바뀌었어.

94 혈액의 순환

몸속 곳곳으로 혈액이 돌면서 물질을 운반하는 과정

우리 몸에는 혈관을 따라 혈액이 돌고 있어. 혈관에는 동맥과 정맥, 모세혈관이 있는데 이것을 다 이으면 12만 킬로미터나 돼. 이 긴 길이를 46초라는 짧은 시간에 한 바퀴 돌 정도로 바삐 도는 건 이유가 있을 거야. 바로 몸속 곳곳에 물질을 운반하기 위해서지.

혈액이 하는 일은 몸에 있는 각 세포에 산소와 양분을 전달하는 거야. 돌아올 때는 세포에서 생긴 노폐물과 이산화탄소를 받아 와서는 폐로 가서 이산화탄소를 건네주고, 신선한 산소를 다시 공급받아.

이런 중요한 일을 하는 혈액이 잘 움직일 수 있게 하는 곳이 심장이야. 심장이 콩닥콩닥 뛰는 건 혈액을 손끝 발끝까지 보내려고 밀어내는 거야. 덕분에 우리는 하루를 건강히 보낼 수 있지.

95 호흡

생물이 산소를 받아들이고 이산화탄소를 내보내는 과정

숨을 쉰다는 건 산소를 받아들이고 이산화탄소를 내보내는 과정이야. 이것을 '호흡'이라고 해. 우리 몸에서 호흡을 담당하는 기관은 폐야. 입과 코, 기관지도 숨 쉬는 것을 도와주는 호흡 기관이지.

그에 비해 물에 사는 물고기는 폐가 아닌 아가미로 호흡해. 개구리는 물에 사는 올챙이 때는 아가미로 호흡하다가 개구리가 되면 폐와 피부로 호흡해.

아무지게 알자!
과학 개념어

96 혼합물

두 가지 이상의 물질이 각자의 성질을 잃지 않은 상태로 섞여 있는 것

혼합물은 잡곡이 섞여 있거나 철가루와 모래가 섞여 있는 것처럼 두 가지 이상의 물질이 섞여 있는 것을 말해. 이때 각각의 물질은 성질을 잃지 않고 그대로 가지고 있지.

혼합물이 고르게 섞여 있으면 균일 혼합물, 그렇지 않으면 불균일 혼합물이라고 해. 균일 혼합물은 다른 말로 '용액'이라고도 부르지. 예를 들어 잘 녹은 설탕물 같은 거야.

혼합물은 여러 방법을 통해 각각의 물질로 분리할 수 있어. 각 물질의 밀도 차이나 용해도 차이, 끓는점 차이를 이용하는 방법 등이 있지.

97 화산

땅속의 마그마가 분출해 만들어진 산

지구 내부는 지표에 비해 훨씬 뜨거워. 이 뜨거운 열 때문에 **땅속의 암석이 녹아 마그마가 되는데**, 마그마는 주위의 암석보다 가벼워서 서서히 위로 올라오게 되지. 그러고는 지표에서 수 킬로미터 떨어진 지점에 한데 모여 괴어 있다가 지각의 틈을 뚫고 지표로 솟아오르는데, 이때 만들어지는 게 화산이야.

화산 폭발을 통해 지표로 나온 마그마는 용암이 되어 흘러내려. 그리고 일부는 화산 가스로 분출되지. 그 밖에 많은 양의 먼지와 화산재 등의 화산 쇄설물들도 나오지.

98 화석

옛날에 살았던 생물의 유해나 흔적이 퇴적암 등에 남아 있는 것

옛날에 지구에 공룡이나 매머드가 살았다는 걸 어떻게 알았을까? 화석을 관찰하면 알 수 있어. 공룡의 뼈와 공룡 발자국이 담긴 화석, 매머드의 유해가 묻힌 얼음 화석 등이 발견되었거든. 과학자들은 화석을 통해 그 생물이 언제 어떤 환경에서 살았는지 알아내고 있어.

화석은 생물이 죽어서 강이나 호수 바닥에 묻힌 뒤 지층 속에서 단단히 굳어진 거야. 그러다가 지각 변동으로 지층과 함께 땅 위로 솟아올랐고, 그것이 바람이나 비에 깎여 드러나자 사람이 발견하게 된 거야.

화석에는 화석이 발견된 지층의 예전 환경이 어땠는지를 알려 주는 '시상화석'과 지층이 만들어진 시기를 알려 주는 '표준 화석'이 있어. 예를 들어 조개 화석은 당시 환경이 바다였음을 알려 주니까 시상화석이야. 공룡이나 삼엽충 화석처럼 특정 시기에 살아서 그 지층의 나이를 가늠하게 해 주는 화석은 표준 화석이지.

99 화석 연료

석탄, 석유, 천연가스 등과 같이 옛 생물의 유해가 땅속에 묻혀 굳어진 것을 오늘날 연료로 쓰는 것

화석 연료는 석탄, 석유, 천연가스와 같은 것을 말해. 오래전 지구에 살았던 생물들의 유해가 화석과 같이 된 것을 캐내 연료로 쓰는 것을 말하지. 석탄은 오래전 식물들이 높은 열과 압력을 받아 만들어진 것이고, 석유는 바다 생물들이 땅속에 묻혀 만들어진 것으로 추측돼.
화석 연료는 인류가 가장 중요한 에너지원으로 많이 써 왔어. 하지만 매장량이 한정돼 앞으로 고갈될 수밖에 없고, 온실 기체를 발생시켜 환경에 부담을 주기 때문에 앞으로 이를 대체할 자원의 개발이 시급해.

100 환경

생물이 살아가는 데 영향을 주는 여러 가지 요소

환경은 빛, 온도, 물, 토양, 공기 등 생물이 살아가는 데 영향을 주는 여러 가지 요소들을 말해. 햇빛은 식물의 광합성에 꼭 필요한 요소이고, 생물이 살아가기 위해선 적당한 기온도 중요하지. 물은 생물의 몸을 이루는 주요 성분이고, 토양은 생물에게 살 장소를 마련해 주고 식물에게는 무기 양분도 제공해. 그리고 생물이 숨을 쉬려면 산소도 필요하지.
생물에게 영향을 주는 환경은 서서히 변하기도 하지만 갑작스럽게 큰 변화를 일으킬 수도 있어. 그래서 생물은 살아남기 위해 주어진 환경에 맞추어 적응하려고 애를 써.

야무진 과학씨에 나온 말 찾아보기

1권 슝 달리는 전자 흐르는 전기

전류 60 | 전압 63 | 전자석 95
전지 89 | 정전기 40 | 정전기 유도 52

2권 지구를 숨 쉬게 하는 바람

구름 58 | 기압 20 | 날씨 54
대기 17 | 에너지 70 | 온실 효과 89
지구 온난화 90 | 태풍 84

3권 세상을 꾸민 요술쟁이 빛

가시광선 16 | 거울과 렌즈 58 74
빛 16 44 | 빛의 속도 18
자외선과 적외선 21 | 전자기파 30
파동 28 | 파장 20

4권 부글부글 땅속의 비밀 화산과 지진

광물과 암석 63 | 지구 18 | 지진 35
지진파 91 | 화산 54

5권 생명의 마법사 유전자

생물 17 | 세포 22 | 세포 분열 52
수정 61 | 유전자 17 | 진화 79

6권 으랏차차 세상을 움직이는 힘

가속도 운동 93 | 관성 86 |
뉴턴의 운동 법칙 86 | 등속 운동 89
마찰력 50 | 무게와 질량 53
부력 68 | 속도 92 | 속력 92
운동 81 | 작용과 반작용 101
중력 17 | 탄성력 62

7권 공기를 타고 달리는 소리

소리 17 | 초음파 88

8권 오르락내리락 온도를 바꾸는 열

열의 이동 39 | 온도 30

9권 커다란 세계를 만드는 조그만 원자

물리적 변화와 화학적 변화 98
물질 16 | 밀도 31 | 분자 70
상태 변화 86 | 용액 26 | 용해 26
용해도 29 | 원소 40 | 원자 49 | 원자설 47

10권 화르르 뜨겁게 타오르는 불

연소 33

웅진주니어

야무진 과학씨
야무진 초등과학개념사전

초판 1쇄 발행 2013년 3월 27일 | **초판 12쇄 발행** 2020년 10월 29일

글 권은아 | **그림** 서현 외 | **디자인** 임태용

발행인 이재진 | **도서개발실장** 조현경 | **편집인** 이화정 | **책임편집** 손자영 | **편집** 오수연·손혜령
마케팅 이현은·정지운·양윤석·김미정 | **제작** 신홍섭

펴낸곳 (주)웅진씽크빅 | **주소** 경기도 파주시 회동길 20 (우)10881
주문전화 02)3670-1191, 031)956-7325, 7065 | **팩스** 031)949-0817 | **내용문의** 031)956-7403
홈페이지 wjbooks.co.kr/WJBooks/Junior | **블로그** wj_junior.blog.me
페이스북 facebook.com/wjbook | **트위터** @wjbooks | **인스타그램** @woongjin_junior
출판신고 1980년 3월 29일 제406-2007-00046호 | **제조국** 대한민국

글 ⓒ 권은아 2013(저작권자와 맺은 특약에 따라 검인을 생략합니다.)
ISBN 978-89-01-15615-6 / 978-89-01-14075-9 (세트)

웅진주니어는 (주)웅진씽크빅의 유아·아동·청소년 도서 브랜드입니다.
이 책은 저작권법에 따라 보호받는 저작물이므로 무단전재와 무단복제를 금합니다.
이 책 내용의 전부 또는 일부를 이용하려면 반드시 저작권자와 (주)웅진씽크빅의 서면 동의를 받아야 합니다.

잘못 만들어진 책은 바꾸어 드립니다.
※주의 1. 책 모서리가 날카로워 다칠 수 있으니 사람을 향해 던지거나 떨어뜨리지 마십시오.
       2. 보관 시 직사광선이나 습기 찬 곳은 피해 주십시오.
웅진주니어는 환경을 위해 콩기름 잉크를 사용합니다.

 책을 읽는 새로운 경험, 웅진북클럽
구글 플레이와 앱 스토어에서 '웅진북클럽 체험판'을 다운 받으세요.
• Android, Google Play 및 Google Play 로고는 Google Inc.의 상표입니다.
• Apple 및 Apple 로고는 미국과 그 밖의 나라에 등록된 Apple Inc.의 상표입니다. App Store는 Apple Inc.의 서비스 상표입니다